社会学的方法の規準

エミール・デュルケーム
菊谷和宏 訳

講談社学術文庫

目次

社会学的方法の規準

第一版序文……18
第二版序文……23
序　論……47
社会諸科学における方法論の未発達な状態。本書の目的。
第一章　社会的事実とは何か……50
社会的事実は社会内部における一般性によっては定義されえない。社会的事実の弁別的特徴。
(1)個人意識に対する外在性。
(2)個人意識に対して及ぼす、ないし及ぼしうる強制作用。既成の慣行および社会的潮流に対する、この定義の適用。同定義の検証。
社会的事実を特徴づける他の様式：個人的表現に対する独立状態。既成の慣行および社会的潮流に対する、この特性の適用。社会的事実は、それが社会的であるがゆえに一般化するのであり、

一般的であるがゆえに社会的であるのではないこと。この第二の定義が第一の定義に帰着する理由。
社会形態学的事実がこの同じ定義に帰着する理由。社会的事実の一般的定式。

第二章　社会的事実の観察に関する規準……66

基本的規準：社会的事実を物のように取り扱う。
一　あらゆる科学が経る観念論的段階。ここで科学は通俗的で実用的な観念を練り上げるが、物を記述し、説明することはない。なぜ社会学においては、この段階が他の科学よりも長引かねばならなかったか。コントの社会学に、スペンサー氏の社会学に、また倫理学と経済学の現状に見られる諸々の事実。それらの事実は、この段階がいまだ乗り越えられていないことを示す。
この段階を乗り越えるべき理由。
(1)社会的事実は、科学の直接的な与件であるゆえに、物のように取り扱われなければならない。対して、観念は、その展開が社会的事実とみなされるのであり、それ自身が直接に与えられているわけではない。

(2)社会的事実は物としてのあらゆる特徴をそなえている。

この革新と、最近心理学を変容させた革新との類似性。将来における社会学の急速な進歩が期待される理由。

二　右の規準からただちに導出されるいくつかの系。

(1)科学からあらゆる予断を排除すること。この規準の適用を妨げる神秘主義的見解について。

(2)実証的研究対象の構成方法：共通に見られる外的特徴に従って事実をいくつかの群にまとめる。そうして作られた観念と通俗的な観念との関係。この規準を無視したり不適切に用いたりすることでもたらされる誤謬の例：スペンサー氏と結婚の進化に関する氏の理論。ガロファロ氏と犯罪の定義。下級社会における道徳の存在を否定する、という両氏共通の誤謬。このような最初の定義を定める際に用いる特徴の外在性は、科学的説明の障害とはならないこと。

(3)これに加えて、そうした外的特徴はできうるかぎり最大限客観的なものでなければならないこと。そこに到達する手段：社会的事実を、その個人的な表現とは区別される形で現れている側面によって捉えること。

第三章　正常なものと病理的なものの区別に関する規準…………108

このような区別の理論的および実践的有用性。科学が行為を導く役に立つためには、この区別が科学的に可能でなければならない。

一　通常用いられている基準の検討：苦痛は健康な状態の一部であり、病いの弁別的な標識ではない。生存可能性の減少も、正常な事実（老化、分娩など）によってしばしば生じるため、また病いによって必ずもたらされるというものでもないため、病いの弁別的な標識ではない。さらに、この基準は、とりわけ社会学においては、たいていの場合適用不可能である。

異常なものが正常なものから区別されるように、病いは健康な状態から区別される。平均的類型あるいは固有類型。事実が正常なものかそうでないかを決定する際に年齢を考慮することの必要性。

病理的なもののこのような定義が病いの通常の観念と一般に一致する理由：異常なものは偶発的なものである、という通念。なぜ異常なものは一般的に生命が劣弱な状態にあることを意味するのか。

二　前述の方法から得られた結果は、事実の正常性、すなわち事実の一般性の原因探究によって有効に検証されうる。いまだその歴史を完了していない社会に関する事実を問題にする際には、このような検証の実行が必要である。なぜこの第二の基準は補足的、副次的にしか用いられえないのか。

諸規準の提示。

三　これらの規準の、いくつかの事例、とりわけ犯罪の問題に対する適用。犯罪行為の存在は、なぜ正常な現象なのか。これらの規準に従わない場合に陥る誤謬の例。科学そのものが不可能となる。

第四章　社会類型の構成に関する規準……147

正常なものと異常なものを区別することは、社会種が構成されることを含意している。ヒト属（*genus homo*）の概念と個別社会の概念を媒介する社会種という観念の有用性。

一　社会種を構成する手段としてモノグラフを用いるのは適切でない。そのような方法によって目的を達することの不可能性。この方法によって構成された分類の無益さ。適用されるべき方法

原則、すなわち結合の度合いに従って社会を区別すること。
二　単純社会、すなわちホルドの定義。単純社会同士が結合し、その結合体同士がさらに結合する様式の例。
このように構成された社会種の内部で、その構成要素たる環節の融合度に従って諸々の変種を区別すること。

規準の提示。
三　以上の事柄が社会種の存在証明となる理由。生物学上の種と社会学上の種の本質的な相違。

一　通常行われている説明の目的論的性格。事実の有用性は、その事実の存在を説明しない。残存的事実によって、器官と機能の独立性によって、また同じ一つの制度が順々に果たしうる働きの多様さによって確認される、二つの問題の二元性。社会的事実の始動因を探究する必要性。この上なく些細な社会的慣行までもが有する一般性によって示される、社会学における始動因の卓越した重要性。
したがって、始動因は機能とは独立に決定されねばならない。

なぜ始動因の探究を機能の探究に先行させねばならないか。機能の探究の有用性。

二　一般的に行われている説明方法の心理学的性格。この方法は社会的事実の本質を誤認している。社会的事実は、その定義からして、純然たる心的事実に還元されえない。社会的事実は社会的事実によってしか説明されえない。

社会をなす素材としては個人意識しか存在しないにもかかわらず、なぜそのようなことになるのか。新たな存在と新たな次元の実在を生み出す結合という事実の重要性。生物学と物理－化学的科学とを分かつ間隙と相似をなす社会学と心理学との間隙。

この命題を社会の形成の実際に適用できるか。

心的事実と社会的事実の肯定的な関係。前者は社会的要因によって初めて形を与えられる不定形の素材である。その諸例。社会学者たちが社会的生の発生における、より直接的な役割を心的事実に認めてきたのは、形成された社会現象にすぎない意識の状態を純粋な心的事実と取り違えたからである。

同じ命題を支持する他の証拠。

(1)人種的要因に対する社会的事実の独立性。人種的要因は有機的－心的次元に属するものである。

(2)社会の進化は純粋に心的な原因によっては説明されえない。

以上の主題に関する規準の提示。社会学的説明があまりに一般的なものでありすぎて信用されていないのは、こうした規準が無視されているからである。固有の意味で社会学的な教養の必要性。

三　社会学的説明における社会形態学的事実の根本的な重要性。内的環境は何らかの重要性をもつあらゆる社会的過程の源泉である。この環境において人間的な要素が果たす卓抜した役割。ゆえに、社会学の課題は、何よりもまず、社会現象に対して最も大きく作用するこの環境の属性を見出すことである。とりわけ次の二種の属性がこの条件を満たす。すなわち、社会の容積、および諸環節の融合度によって測られる動的密度である。二次的な内的諸環境、およびこれらと全般的環境および集合的生の細部との関係。

この社会的環境という概念の重要性。この概念を拒否すれば、社会学は科学的予測をもたらしえないような継起の関係を認めることしかできなくなり、もはや因果関係を確立できなくなる。コントおよびスペンサー氏から借用された諸例。――なぜ社会的慣行の有用な価値が変化しうるのかを、恣意的な設定によることな

は、なぜ共変法が特に優れた研究手段となるのか。共変法の優位性。

(1)因果のつながりを内側から捉えること。

(2)より精選され、よく吟味された資料の使用が可能であること。

社会学が扱う変化は多種多様なものであるため、ただ一つの手続きに帰着させうるからといって、社会学が他の科学に比べて劣った状態にある、ということにはならない。ただし、孤立した変化ではなく、連続的で広範に見られる変化の連なりだけを比較することが必要である。

三　このような連なりを構成するさまざまな仕方。連なりをなす諸事実をただ一つの社会に求めることができる場合。多様ではあるが、同じ種に属する社会に求められなければならない場合。相異なる諸種を比較しなければならない場合。この最後の場合が最も一般的なのはなぜか。比較社会学は社会学そのものである。

以上の比較を行う際に、ある種の誤謬を避けるため、前もって注意すべき諸点。

この方法の全般的な性格。

(1)いっさいの哲学に対する独立性（哲学自身にとっても有益な独立性）、および実践的教説に対する独立性。こうした教説と社会学との関係。社会学は、いかにしてすべての党派に対する優越性をもちうるか。

(2)客観性。社会的事実は物のように考察される。この原理がいかにして方法全体を貫いているか。

(3)社会学的性格。社会的事実はその独自性を完全に保ったまま説明されること。自律する科学としての社会学。この自律性の獲得が、社会学になすべく残されている最も重要な進歩である。

以上のとおりに実践される社会学のいや増す権威。

凡例

・本書はEmile Durkheim, *Les Règles de la Méthode Sociologique*, Paris: F. Alcan, 1895の翻訳である。底本には、Presses Universitaires de France社の叢書« Quadrige »にフランソワ・デュベ（François Dubet）氏の序文を付して収録されている第一四版（二〇一三年）を用いた。

・文意確認のために、以下の訳書を参照した。

田辺寿利訳『社会学的方法の規準』（改訂版）、有隣堂、一九六六年。

宮島喬訳『社会学的方法の規準』岩波書店、一九七八年。

佐々木交賢訳『社会学的方法の規準』学文社、一九七九年。

The Rules of Sociological Method and Selected Texts on Sociology and Its Method, edited and with a new introduction by Steven Lukes, translated by W. D. Halls, Free Press, 2014.

Die Regeln Der soziologischen Methode, übersetzt von René König, Suhrkamp, 1984.

・原文でイタリック体になっている語句には傍点を付した。

・〔 〕内は、訳者による補足ないし注釈である。

・誤植など、原文の明らかな間違いは、特に断ることなく訂正して翻訳した。

社会学的方法の規準

第一版序文

一般に、人は社会的事実を科学的に取り扱うことにほとんど慣れていないので、本書に含まれているいくつかの命題に読者は驚くかもしれない。しかし、仮にも社会に関する一つの科学というものがありうるとすれば、それは伝統的な予断の単なる焼き直しではなく、物事をその通俗的な姿とは別の姿で見せるものであることをあらかじめ覚悟しておかなければならない。なぜなら、いかなる科学もその目的は解明であり、またいかなる解明も多かれ少なかれ通念を混乱させるものだからである。したがって、他のあらゆる科学では失われて久しい常識に対する権威を社会学では認めるというのでないかぎり——そもそもこの常識の権威なるものが何に由来するのかは不明なのだが——、研究者は、その研究が一定の方法に従って進められたのなら、到達した結論に怖じ気づくことなく、当然のものとして、これを果敢に受け入れなければならないのだ。逆説を追い求めるのがソフィストであるとすれば、逆説が事実によって否応なく課される時にこれを避けようとするのは、勇気を欠いた精神、あるいは科学に対する信念を欠いた精神である。

残念なことだが、この規準を原理として、また理論的に認めることのほうが、粘り強くこれを実際に応用することよりずっとたやすい。われわれはいまだこうした問題のいっさいを常識の教えるところに従って処理することに慣れすぎているため、常識を社会学的議論から切り離すのは容易ではないのだ。常識にとらわれてなどいないと思っている時でも、気づかぬうちに常識はその判断をわれわれに押しつけてくる。こうした誤りを避けるには、長期にわたって専門的な経験を積むほかない。だからこそ、次のことを忘れないよう、読者にはよくよくお願いしたいのだ。すなわち、読者が最も慣れ親しんでいる考え方は社会現象の科学的な研究に適するよりもむしろ反するものであることを心にとどめておくことを。また、したがって社会現象に対する第一印象には用心しなければならないということを。第一印象に対して抗《あらが》うことなく身を委ねれば、読者は本書の内容を理解せずにこれを判断してしまいかねない。例えば、われわれが犯罪を正常社会学（sociologie normale）の一現象とみなしたことをもって、犯罪の容認を主張したものと非難することがありうる。しかるに、この反論は幼稚なものだと言えよう。なぜなら、およそあらゆる社会において犯罪が存在することが正常であるなら、犯罪が罰せられることもまたこれに劣らず正常だからだ。禁制体系の制定は、犯罪行為の存在に劣らず普遍的なものであり、また劣らず集合体の健康にとって不可欠のものなのだ。仮に犯罪が存在しないとすれば、諸個人の意識が均一化していなければならないだろう。しかし、のちに挙げる理由からして、それは可能でもなければ望ましくもない。他方、仮に禁制が存在しないとすれば、道徳的同質性が欠如しているに違いないが、しかしそれは社会の存在と相容れない。ところが、常識は、犯罪は忌まわしいものであり、忌むべきものであるという事実から出発し、完膚なきまでに犯罪を撲滅することができるという間違った結論を引き出す。単純化を習い性とする常識には、厭《いと》わしいものにも何らかの有益な存在理由がありうること、にもかかわらずそこには何の矛盾もないことが理解できないのだ。有機体のうちには、厭わしいものでありながらその規則的な働きが個体の健康にとって不可欠であるような機能が存在しないだろうか。例えば、われわれは苦痛を嫌悪しないだろうか。しかし、もし苦痛を感じない者がいるとすれば、それはもはや人ではなく、怪物と呼ぶべき存在だろう。あるものの正常な性質とそのものが引き起こす嫌悪感が不可分につながっていることさえありうる。苦痛が正常な事実であるのは、それが好まれないかぎりにおいてである。同様に、犯罪が正常な事実であるのは、それが忌み嫌われるかぎりにおいてなのだ。(1) ゆえに、われわれの方法はいささかも革命的なものではない。それは、ある意味では本質的に保守的なものでさえある。というのも、われわれは社会的事実というものを、それがいかに柔軟で展性に富んだものであっても、それでも意のままにその本性《ほんせい》を変化させることなどできない物のように考察するからである。社会的事実を、頭の中で行う〔観念の〕結合の産物にすぎないと、つまり単なる論理的な操作によって一瞬にして根底から覆《くつがえ》すことのできるものにすぎないと見る学説のほうこそ、どれほど危険であることか!

同様に、人は社会的生(vie sociale)を観念的な概念の論理的な展開として思い描くことに慣れているため、集合的な進化は空間の内に限定された客観的条件に基づく、とするわれわれの方法を粗雑なものだと判断するかもしれない。さらには、われわれを唯物論者と呼ぶことさえありえないことではない。しかしながら、われわれはむしろこれとは正反対の呼び名を正当に要求できるだろう。実際、唯心論の本質は、心的現象は有機的現象から直接には導かれえない、という見解のうちにあるのではなかろうか。そして、われわれの方法は、部分的にはこの原理の社会的事実への適用にすぎないのだ。われわれは、唯心論者が心理学的領域を生物学的領域から区別するのと同じく、心理学的領域を社会的領域から区別する。また、彼らと同じく、最も単純なものによって最も複雑なものを説明することを拒否するのだ。とはいえ、本当のところを言えば、唯物論者、唯心論者、いずれの呼び名も、厳密にはわれわれにふさわしいものではない。われわれが受け入れる唯一の呼び名、それは合理主義者（*rationaliste*）である。事実、われわれの主たる目的は、科学的合理主義を人間の行為にまで拡張することにあるのだ。それも、人間の行為を過去に遡って考察し、人間の行為が、〔他の諸科学の領域に〕劣らぬ合理的な操作で未来のための行為規準へとのちに転換されうるような因果関係に還元されうることを示すことによって。人がわれわれを指して言う実証主義（positivisme）は、この合理主義の一帰結にすぎない[2]。事実を説明するためであれ制御するためであれ、その事実が不合理だと感じられてこそ、人は事実の奥に進むよう誘《いざな》われる。そして、もし事実が全面的に理解可能であれば、それは科学をも実践をも満足させる。なぜ科学をかといえば、その時には当の事実の外部にその存在理由を探究する理由がなくなるからである。なぜ実践をかといえば、事実の利用価値がその存在理由の一つになるからである。したがって、とりわけ神秘主義が甦りつつある昨今、このような企ては、多少の見解の相違はあれども、理性の将来に対する信念を分かちもつすべての者によって、懸念なく、共感さえもって受け入れられうるし、またそうでなければならないように思われるのだ。

原注

(1) しかし、次のような反論があろう。すなわち、もし健康が嫌悪すべき要素を含むとすれば、われわれがのちに述べるように、どうしてそれを行為の直接目的として示すのか、と。だが、この点については、いかなる矛盾もない。あるものが、それのもたらす若干の結果においてはまったく有害であっても、他の諸結果においては生にとって有益であり、時には必須である、ということは絶えず見られる。だが、このものの有害な結果がそれと反対の結果によって常に相殺されるのであれば、それは実際には害をなすことなく役立ち、なおかつ嫌悪されうるものにとどまるのだ。というのも、こうしたものは予測不能な危険を自ら生み出し続けるが、この危険はそれに対抗する力の作用がありさえすれば、かわされるからである。犯罪の場合が、これなのだ。犯罪が社会に及ぼす害は、罰則がきちんと機能していれば、これによって相殺される。こうして犯罪は、それが内包する害を実際に生じさせることなく、社会的生の基本的条件との間に、本書でのちに見るような肯定的関係を保つことになるのだ。ただし、犯罪が無害になるのは、いわばしぶしぶなのだから、犯罪に対する嫌悪感には根拠がないわけではない。

(2) ゆえに、この合理主義をコントやスペンサー氏の実証主義的形而上学と混同してはならない。

第二版序文

本書が初めて世に出た時には、かなり激しい論争が巻き起こった。当時一般に流布していた種々の思想は面食らって、当初あまりにも強く抵抗したため、われわれが本書で言わんとしたところも、しばらくの間、ほとんど理解してもらうことができなかった。この上なく明瞭に表現した点についてさえ、われわれのものとは何ら共通するところのない見解が、根拠もなくわれわれのものとされた。そして、世人はこれを論破することでわれわれを論破したと信じたのだ。われわれにとって意識とは、個人的なものであれ社会的なものであれ、いささかも実体的なものではなく、ただ一種独特の（*sui generis*）現象の多少なりとも体系化された一総体にすぎない、と何度も繰り返し言明したにもかかわらず、人はこれを実在論、本体論だと決めつけてわれわれを非難した。また、社会的生はそのすべてが表象から成っていると、はっきり、かつあらゆる仕方で繰り返し述べたにもかかわらず、人はこれを社会学から心的要素を除去するものだとしてわれわれを非難した。挙げ句の果てには、すでに滅して久しいと皆思っていたような議論の仕方を、われわれに反論するために復活させさえしたのだ。実際、われわれが主張などしなかったある種の意見を、「筆者の原理に合致している」という言い訳を付して、われわれに帰したのである。だが、議論の枠組みを恣意的に設定し、苦もなくこれを論破する、というこの手の論法がもたらすあらゆる危険性が、そこで経験的に証されただけで終わったのだが。

その後こうした抵抗は次第に弱まったと言ってもあながち間違いではなかろう。われわれの命題のいくつかのものについて、いまだ異論が提出されているのは確かだ。しかし、そうした有益な異論については、われわれも驚いたり不満を述べたりする必要はなかろう。実際、われわれの打ち立てた定式が将来改訂される運命にあることはまったく明白だからである。それは個人的な、したがっておのずと限定された一つの実践の要約であり、社会的実在(réalité sociale)に対するより広くより深い経験が得られるにつれて必然的に進化していくに違いない。そもそも、方法というものは、暫定的なものしか絶対に作りえないのだ。科学が進歩するにつれて方法も変化するのだから。だが、それでもやはり、ここ数年の間に、多くの反論にもかかわらず、客観性と独自性と方法論を兼ねそなえた社会学の主張が着々と勢力を増してきたことに変わりはない。雑誌『社会学年報(*L'Année sociologique*)』を創刊したことが、この結果に大いに寄与したことは確かだ。というのも、この雑誌には社会学のあらゆる分野が一堂に会しているため、専門分野に特化した他のいかなる著作にもまして、社会学構築の必然性と可能性を人々に感じさせることができたからである。こうして、社会学がもはや一般哲学の一分科にとどめられるべきものでないこと、また他方、単なる博識に堕することなく事実の細部にまで接触しうることが、人々に理解されたのだ。であるから、われわれの協力者たちの熱意と献身に対しては、どれほど敬意を表しても表しすぎるものではない。事実に基づいたこのような論証を試みることができ、また現在これを続けることができているのは、まさしく彼らのおかげなのである。

しかしながら、こうした進歩が事実であるとはいえ、過去の誤解や混同が完全に一掃されたというわけではいまだない。それゆえ、この第二版刊行の機会を利用して、以下、第一版で行った説明のすべてに若干の説明を付け加え、批判に答えて、いくつかの点について新たに正確を期したいと思う。

一

社会的事実は物のように取り扱われねばならない、という命題、われわれの方法のまさに根底をなすこの命題は、最も多くの反論を呼び起こしたものの一つである。われわれが社会的世界の実在を外的世界の実在と同等に扱ったことに対して、人々はこれを逆説的な、けしからぬこととみなした。だが、それはこの同一視の意味と範囲を奇妙にも誤解したものである。同一視の目的は、存在の高等形態を下等形態に貶《おとし》めることなどではない。逆に、それは万人が後者に認めているのと少なくとも同じ程度の実在性を前者に対しても要求することにある。実際、われわれは社会的事実が物質的な物であるとは言っていない。そうではなく、いかに異なる様式をとっているにせよ、それは物質的な物と同じ資格における物であると言っているのだ。

では、実際のところ、物とは何か。外面から認識されるものと内面から認識されるものが対立するように、物と観念は対立する。物とは、知性が自然には洞察しえないような認識対象すべてであり、単なる心の中での分析過程によっては適切な概念を作り上げることのできないものすべてであり、さらには精神が自らの内から脱し、観察と実験を通じて、その最も外面的で最も直接的に接近しやすい性質から、最も根底的で最も目につきづらい性質へと徐々に進んでいく、という条件の下でしか理解に達しえないものすべてである。したがって、ある部類の事実を物のように取り扱うこととは、実在のカテゴリーのあれやこれやに事実を分類することではない。それは、事実に対してある種の精神的態度を遵守することなのだ。つまり、研究する前にはその事実が何であるかがまったく知られていないこと、また、その事実を特徴づける属性は、それが依拠している未知の原因と同様、細心の注意を払った内省（introspection）をもってしても見出すことはできないこと、これらのことを原則としつつ事実の研究に取りかかるということなのである。

このように語の意味を定義すれば、先の命題は、それが人間を扱う諸科学、とりわけ社会学においていまだあまりにも頻繁に軽んじられているということがなかったなら、逆説であるどころか、ほとんど自明の理として通用していたに違いない。実際、おそらく数学の対象を除く科学のあらゆる対象は、この意味において物である、と言うことができる。というのも、数学の対象については、その最も単純なものから最も複合的なものに至るまでわれわれ自身が構成したものであるため、それが何であるかを知るためには、われわれ自身の内面に目を向けて、それを生み出した精神の過程を内的に分析すれば事足りるからである。ところが、固有の意味での事実というものが問題になるや否や事態は変わる。固有の意味での事実から科学を作り上げようと企てるとき、そうした事実は必然的に、われわれに対して、見知らぬもの、知られざる物として現れてくるのだ。というのも、そうした事実について人々が生活のただなかで作りえた表象は、きちんとした方法も検討もないままに作られたため、科学的な価値を欠いており、したがって退けられねばならないからである。個人心理学が扱う事実は、それ自体このような特徴を示しており、この見地から考察されなければならない。実際、個人心理学が扱う事実は定義からして当然に内的なものであるとはいえ、われわれがその事実についてもつ意識は、その事実に内在する本質も、その事実の起源も解き明かしてはくれない。この意識は、確かにある程度のところまでなら、その事実について知らせてくれるが、それは単に五感が熱や光や音や電気をわれわれに知らせてくれるのと同じ程度でしかなく、したがってそれは明晰かつ判明な概念、説明に役立つ観念ではなく、混乱した、移ろいやすい、主観的な印象をもたらすにすぎない。そして、まさしくこれがために、今世紀〔一九世紀〕を通じて、心的事実を外部から、すなわち物のように研究することを基本的な規準とする客観的な心理学が打ち立てられたのである。まして社会的事実にあっては、なおのことそうでなければならない。というのも、意識が自分自身の生についてより、むしろ社会的事実についてよりよく認識する能力をもっている、などということは、およそありえないからだ[1]。だが、次のような反論があろう。すなわち、社会的事実はわれわれが作り出したものなのだから、われわれがそこに何を込め、どのようにそれを形成したのかを知るには、われわれ自身をしっかりと認識すればそれでよいのだ、と。だが、そもそも社会制度のほとんどは先行世代から既成物としてわれわれが引き継いだものであり、その形成にわれわれはまったく関与していない。したがって、われわれが自問してみたところで、それを生み出した原因を見つけられるものではなかろう。その上、われわれがその誕生に関わった場合でさえ、自分の行為が決定された本当の理由や自分の行為の本質について、われわれはきわめて混乱した、多くの場合この上なく不正確な仕方で、かろうじて漠然と理解するにすぎない。今でもすでに、われわれは自分のまったく私的なふるまいについてさえ、それを導く比較的単純な動機をひどく見誤っている。利己主義者としてふるまっているにもかかわらず私利私欲抜きだと自分では信じ込んでいたり、実は愛に屈しているにもかかわらず憎悪に従っていると思い込んでいたり、いわれのない偏見に隷従しているにもかかわらず理性に従っていると信じていたり……。だとすれば、どうしてわれわれが、これよりはるかに複雑な集合体のふるまいが生み出される原因を、いっそう明晰に識別する能力などもちえようか。というのも、少なくとも、われわれ各人は集合体のふるまいのごくわずかな部分にだけ参与しているにすぎないからだ。つまり、自分自身以外におびただしい数の共同制作者が存在するのであり、かつそうした他者の意識の内で生じることについては、われわれの目は届かないのである。

以上のとおり、われわれが打ち立てた規準には、形而上学的ないかなる見解も、存在の根底に関するいかなる思弁も含まれていない。われわれの規準が要求するのは、ただ、物理学者や化学者や生理学者が各々の科学分野における未開拓の領域に乗り出す時の精神状態に社会学者も自らを置くことである。つまり、社会学者は、社会的世界に分け入る時には未知なるものに分け入るということを自覚していなければならないのだ。社会学者は、生物学確立以前の生命の法則がそうだったように、予想を越える法則をもつ事実と対峙していることをいうことを感じていなければならない。そして、驚愕し面食らうような発見がなされることを、あらかじめ覚悟しておかなければならないのである。ところが、社会学は、このような知的成熟の域まではとうてい到達していない。物理的自然を研究する科学者は、彼が対峙している自然の抵抗力を強烈に感じ取っており、これに打ち勝つために大変な労苦を払っている。これに対して、社会学者はといえば、実際のところ、精神に対して何も隠さず直に示されている諸物の間を動きまわっていると思われており、ゆえに、この上なく難解な問題であっても、いともたやすく解決するものだと一般に思われている。だが、この〔社会学という〕科学の現状では、例えば国家や家族、所有権や契約、刑罰や責任といった主要な社会制度についてさえ、それがどのようなものであるかは本当には分かっていない。すなわち、それが生み出された原因やそれが果たす機能、またその進化の法則について、われわれはほとんどまったく無知なのだ。かろうじて、いくつかの点について、ほのかな光のようなわずかな知識をかいま見始めているにすぎない。にもかかわらず、社会学の種々の著作にざっと目を通してみればすぐに分かるとおり、この無知と困難はほとんど感じられていない。そうした著作の中では、あらゆる問題に対して、一気に、独断的に決めつけなければならないと思われている。のみならず、この上なく複合的な現象であっても、ほんの数頁あるいは数フレーズによってその本質に達することができると信じられている。つまり、こうした理論と称されるものは、もともとそれほど素早く汲み尽くされうるはずのない事実そのものを明らかにしているのではなく、研究に取りかかる前から著者がその事実について抱いていた先入見を表現している、ということだ。確かに、諸々の集合的慣行についてわれわれが思い描く観念、すなわちその慣行が何であり、また何であるべきかについての観念は、そうした慣行の発展の一要因ではある。だが、この観念それ自体が一つの事実であり、それが適切に定義されるためには、それもまた外部から研究されなければならないのだ。というのも、ここで知る必要があるのは、あれこれの思想家があれこれの制度を個人的に思い描くその描き方ではなく、集団がその制度に対してもっている見解なのだから。実際のところ、この集団的な見解だけが社会的に意味をもつものなのだ。ところが、われわれ各人の誰も自らの内にこの見解のすべてを完全に有しているわけではないのだから、これを単なる内面の観察によって知ることはできない。だからこそ、これを可感的なものとする外的な標識をぜひとも見つけなければならない。その上、この見解は無から生まれたわけではなく、それ自体が外的原因の結果なのだから、将来におけるその役割を評価しうるためには、この外的原因を知る必要がある。かくして、どうあろうとも、立ち返らねばならないのは常に同じ方法なのである。

二

もう一つの命題も、先の命題に劣らず激しく論駁された。その命題とは、社会現象を個人に対して外的なものとして示す命題である。今日では、個人的生の事実と集合的生の事実はある程度異質なものであるということについては、皆大変快く同意してくれている。この点については、全員一致とまではいかずとも、少なくとも非常に一般的な一つの合意が生まれつつあるとさえ言うことができる。社会学が固有の専門性をもつ一科学であることをいっさい否定するような社会学者は、もはやほとんどいない。だが、社会はただ諸個人からのみ構成されているのだから、(2)常識的に考えれば、社会的生は個人意識以外の基体 (substrat) をもちえないように思われる。そうではないとすれば、社会的生は、支えもなく宙に浮き、虚空の中を漂《ただよ》っているように見えることだろう。

しかしながら、社会的事実の場合はそう簡単に認めるわけにいかないと思われていることが、自然の他の領域ではやすやすと認められている。つまり、何らかの要素が互いに結合し、その結合の事実から新たな現象が生み出される時には常に、そうした現象は要素の内にではなく、要素の結合によって形成された全体の内に位置づけられるということ、このことがきちんと理解されなければならないのだ。社会が個人以外のものを含んでいないのと同様に、生体の細胞も無機の分子以外の何も含んでいない。それでも、生命に特徴的な現象が水素、酸素、炭素、窒素といった原子の内に宿っている、などということはありえないのは明らかである。というのも、生命の運動が生命なき要素の内から生まれることなど、どうしてありえようか。あるいは、生物学的な属性が生命なき要素の間に行きわたっていることなど、どうしてありえようか。そうした諸要素は各々本質を同じくするものではないのだから、生物学的な属性がそれらすべての内に等しく見出されることはありえまい。炭素はあくまで炭素であって窒素ではないのだから、両者が同一の属性を帯びることも、同一の役割を演じることもありえないのだ。また、生命の諸側面のそれぞれが、また生命の主たる特徴の一つ一つが、それぞれ異なる原子群の内に具現化されるという考えも、これに劣らず認めがたい。生命とは、そのように分解されうるものではなかろう。生命とは一つのものであり、ゆえにそれが位置するのは、その全体としての生ける物質（substance vivante dans sa totalité）にしかありえない。生命は、部分の内にではなく、全体の内に存するのだ。栄養を摂取し繁殖するもの、一言で言えば生きているものとは、細胞を構成している生命なき分子ではない。それは細胞そのものであり、またそれのみである。さらに言えば、生命について述べたことは、およそありうる総合というものいっさいにあてはまるだろう。例えば、青銅の硬さは、それを構成する柔軟で可塑的な銅の内にも、同じく錫《すず》の内にも、また同じく鉛《なまり》の内にも存在しない。それはこれらの物質の混合の内に存するのだ。同様に、水の流動性や滋養性あるいは他の属性は、水を構成する二種の気体の内にではなく、それらの結合によって形成される合成物質（substance complexe）の内に存するのである。

　では、この原理を社会学に適用してみよう。人々がわれわれに同意しているように、あらゆる社会を構成しているあの一種独特の総合が、孤立した意識の内に生じるものとは異なる新たな現象を生み出すのだとすれば、この〔新たな現象たる〕独特の事実は社会の部分、すなわち社会の成員の内にではなく、その事実を生み出した社会そのものの内に存する、ということをはっきり認めなければならない。ゆえに、この意味において、この独特の事実は、生命特有の性質が生体を構成する無機物に対して外在的であるのと同様に、あくまで個別的なものと捉えた場合の個人意識に対して外在しているのだ。これを要素の内に解消してしまおうとすれば、必ず辻褄が合わなくなる。というのも、この事実は、その定義上、そうした要素に含まれているものとは別のものを前提しているのだから。かくして、以下に続く本文でわれわれが打ち立てた固有の意味での心理学、すなわち個人の心の科学と社会学との区別は、ここで新たな理由とともに再び正当なものと認められるのだ。社会的事実と心的事実は、単にその質において異なっているだけではない。両者は基体を異にしているのであって、同じ環境で展開されているのでも、同じ条件に規定されているのでもない。ただ、だからといって、両者が何らかの意味では心的なものであることを否定するものではない。両者はともに思考や行為の様式から成っているのだから。だが、集合意識の状態は、個人意識の状態とは性質が異なる。それらは別種の表象なのだ。集団の心性（mentalité）は、個々人の心性と同じものではない。それは固有の法則をもっているのだ。かくして、心理学と社会学という二つの科学は、他の点では何らかの関係がありうるとしても、この上なくきっぱり区別されるのである。

しかしながら、この点については、おそらくは論争にいくばくかの光を投げかける一つの区別を行うのが妥当であろう。

社会的生の内容（*matière*）は、純粋に心理学的な要因、すなわち個人意識の状態からは説明されえないこと、このことはまったく明白であるようにわれわれには思われる。実際、集合表象が表現しているのは、集団が自らに影響を与える諸々の対象（objets）との関係において自ら自身を捉える、その仕方である。他方、集団というものは、個人とは別様に構成されているものであり、これに影響を与える諸物もまた個人に対するものとは性質を異にしている。したがって、同じ主体も同じ客体（objets）も表現していない表象が同じ原因によっているということはありえまい。社会が自ら自身と自らを取り巻く世界を表象する様式を理解するために考慮しなければならないのは、社会の性質であって、個々人の性質ではない。社会が自らを捉える際に用いる象徴（symboles）は、社会によってさまざまである。例えば、社会がある守護動物を自らの祖先と捉えているとすれば、それはその社会がクラン（clan）〔氏族〕と呼ばれる独特の集団の一つを形成しているということである。その動物が、同じように神話上の存在ではあっても、人間の祖先に置き換えられているとすれば、クランが性質を変じたということである。また、社会が地域または家族の神々の上位に別の神々を想像し、その守護を受けていると信じているとすれば、その社会を構成している地域集団や家族集団は集中と統一への道を歩んでおり、神々の示す統一の度合いが、その社会がその時点で到達している統一の度合いに対応しているのである。さらに、社会がある種の行為様式を強く非難しているとすれば、それはその行為様式が社会の基本的な感情を傷つけるからであり、この感情はといえば、個人の感情がその人の体質や精神構造に根差しているのと同様に、社会の構造に根差しているのである。とすれば、個人心理学は、われわれに対して余すところなくいっさいを明らかにした場合でさえ、以上のような問題のいずれに対しても解答を与えることはできないであろう。こうした問題は、個人心理学が与《あずか》り知らぬ次元の事実に関わるものなのだから。

だが、この異質性をいったんは認めるとしても、それでも個人表象と集合表象はともに表象であるという点において、いくばくかの類似性が残されているのではないか、そしてこの類似性の結果として、二つの領域に共通する何らかの抽象的な法則がありうるのではないか、と訝《いぶか》しむ向きがあろう。例えば、神話、民間伝承、あらゆる種類の宗教思想、道徳的信念といったものは、確かに個人的現実とは別の、もう一つの現実を表現しているとしても、そうしたものが互いに引きつけ合ったり反発し合ったり、あるいは凝集したり離散したりする様式は、それらの内容とは独立であり、表象というものの一般的な性質にのみ基づいている、ということはありうるのではないか、と。つまり、そうしたものは、まったく異なる様式で形成されつつも、個人において感覚やイメージや観念がそうであるように、それらの相互の関係の中で作用するのではないか。そこに表象されているものが何であれ、例えば近接と類似や対照と論理的対立が同じ仕方で作用するということは考えられないだろうか、と。

こうした疑問から、個人心理学と社会学の一種の共通基盤となるような、ひたすら形式的な心理学の可能性が検討されるに至っている。この二つの科学をあまりにもきっぱりと区別することに若干の人々がためらいを覚えるのは、おそらくそのためであろう。

だが、厳密に言えば、われわれの知識の現状では、このように提起された問題に、きっぱりとした解答を与えることはできまい。実際、一方で、個人の中で観念が結合する様式について知られていることといえば、観念連合の法則（lois de l'association des idées）と通常呼ばれている、非常に一般的で非常に漠然としたいくつかの命題に還元されるものがすべてである。他方、集合的観念形成作用の法則（lois de l'idéation collective）はといえば、いまだまったく何も知られていないのだ。この法則を解き明かすことを課題としているはずの社会心理学は、実際のところ、ほとんどただの言葉にすぎず、移ろいやすく曖昧で、はっきりとした対象をもたない、あらゆる種類の一般論を指しているにすぎない。必要なのは、神話の主題、伝説や民間伝承、言語を比較することで、社会的な表象がどのように引きつけ合い、反発し合い、あるいは互いに融合し、また分離するのか、こうしたことを研究することである。ところが、この問題は研究者の好奇心をそそるものではあるが、実際に取り組まれているとは言いがたい。結局のところ、そうした集合的な法則がいくつかでも発見されないかぎり、それが個人心理学の法則をなぞるものにすぎないのか否かを確実に知ることは明らかに不可能であろう。

しかしながら、仮にこの二種類の法則〔個人表象の法則と集合表象の法則〕の間にいくつかの類似点があるとしても、だからといって両者の間に際立った差異がないはずはないということは、確実とまでは言えなくとも、少なくとも確からしいとは言えるだろう。実際、表象が形成される素材がその結合の様式に影響しないということは認めがたいように思われる。確かに、心理学者たちは観念連合の法則について、しばしば、それがあたかもあらゆる種類の個人表象に対して同じように成り立つかのように語っている。だが、これほどありそうにないこともないだろう。というのも、イメージは感覚と同じような形で相互に結びつくものではないし、概念もまたイメージと同じように結びつくものではないのだから。もし心理学がもっと進歩していたなら、おそらく心的状態の各カテゴリーがそれぞれ固有の形式的法則をもっていることが認められよう。であれば、社会的思考においてこれに相当する法則は、この思考自身と同じくそれ特有のものであることを、なおさら(*a fortiori*)予期しておかなければならない。事実、わずかでもこの種の事実を実地に扱ってみれば、この特有性を感じずにはいられない。実際、宗教的な観念（これは集合的なものの筆頭である）が互いに混交し、分離し、変容を遂げながら、われわれの個人的思考の通常の産物とは対照的な、矛盾に満ちた構成物を生み出していくその非常に特殊な様式が、われわれの目にひどく奇妙なものと映じるのは、まさにこの特有性ゆえではないだろうか。したがって、社会的心性のある法則が心理学者の確立するある法則を実際に彷彿させることを想定できるとしても、それは前者が後者の一特殊ケースにすぎないということではない。そうではなく、それは両者の間に、確かに重要な諸々の差異がある一方で、いまだ知られていないが、抽象化することで引き出しうるような類似性が実は存在する、ということなのだ。このことが意味するのは、いかなる場合であれ、社会学が心理学からその命題のいずれかをそのまま借用し、それを社会的事実にそのまま適用するなどということは不可能だろう、ということである。そうではなく、集合的思考の全体は、そこに特有のものがあるという感覚をもちながら、その内容と同様に、その形式についても、それ自体として、それ自体のために研究されなければならないのだ。その上で、集団的思考が個人的思考にどの程度類似しているのかという点に関する研究上の配慮は、将来に委ねなければならない。この問題は、社会的事実の科学的研究に属するというより、むしろずっと一般哲学や抽象的論理学に属する問題である。(3)

三

第一章で社会的事実に与えた定義についても、いくらか言葉を費やしておかねばならない。われわれは、社会的事実を、個々人の意識に強制的な影響を与えることができるという特有性によって認識されうる、行為または思考の様式から成るものとみなした。――だが、この主題に対して、注意に値する一つの混乱が生じたのだ。

世人は、社会学的な事柄に対して哲学的な思考の形式を適用することにあまりに慣れてしまっているため、多くの場合、われわれのこの予備的な定義のうちに社会的事実に関する一種の哲学を見て取った。タルド (Gabriel Tarde) 氏が模倣によって社会現象を説明しているのと同様に、われわれは拘束によってこれを説明している、と言われもした。だが、われわれはそのような野望など露ほどももっていなかったし、それがわれわれの方法にまるで反するものである以上、まさかそれがわれわれに帰されようとは思ってもみなかった。われわれが提起したのは、科学がもたらすはずの結論を哲学的見解によって先取りすることではない。単に、科学者が他の事実と混同することなく社会的事実のありかに気づくよう、いかなる外的標識によって科学が取り扱うべき事実を認識しうるのかを示すことだったのだ。そこで目指したのは、研究の範囲をできるかぎり限定することであって、ある種の包括的直観によってすべてを理解することではない。だから、この定義は社会的事実の特徴すべてを表現しておらず、ゆえに唯一可能な定義ではない、という批判をわれわれは喜んで受け入れよう。実際、社会的事実が複数の異なる仕方で特徴づけられるというのは何ら意外なことではない。それがたった一つの弁別的な属性しかもたないとする理由などないのだから(4)。重要なのはただ、設定した目的に最も適すると思われる属性を選択することなのだ。事情によっては複数の基準を同時に用いることさえ大いにありうる。そして、これこそが社会学において必要なことだと折に触れてわれわれ自身が認めてきたものにほかならない。というのも、拘束という特徴は簡単には認知されえない場合があるからである（六三―六四頁を参照せよ）。いずれにしても、問われているのは研究の最初の手がかりとなる定義なのだから、必要なことといえば、そこで用いられる特徴が媒介物なく直に識別できること、また研究に先立って感知しうること、これがすべてである。ところが、われわれの定義に対抗してしばしば提出された定義は、この条件を満たしていないのだ。例えば、社会的事実とは「社会の中で社会によって生み出されたものすべて」であるとか、あるいは「何らかの仕方で集団と関係し、これに影響を与えるもの」である、などと言われた。しかし、ある事実の原因が社会にあるのか否か、あるいはその事実が社会的な結果をもたらしているのか否かといったことは、科学が進歩を遂げたのちにしか分からないことだ。したがって、こういった定義は、これから始める探究の対象を確定する役には立ちえまい。この種の定義を利用しうるためには、社会的事実の研究がすでにかなりの程度、推し進められ、それゆえ社会的事実が存在するところではきちんとそれを認知しうるような何らかの手段があらかじめ見つかっていなければならないのだ。

世人は、われわれの定義があまりに狭すぎるとみなした、と同時に、あまりに広すぎて、ほとんどあらゆる実在が含まれてしまう、とも批判した。実際、次のように言われた。あらゆる物理的環境もまた、その作用をこうむる生物に一種の拘束を及ぼしているではないか、なぜなら生物はこうした環境に一定程度、自らを適応させることを強いられているのだから、と。——しかし、強制のこの二つの様式の間に、物理的環境と道徳的環境を分かつあらゆる違いが横たわっているのだ。一つないし複数の身体が他の身体に対してかける圧力、あるいは他の意志に対してかける圧力でさえ、集団の意識がその成員の意識に対してかける圧力と混同されてはなるまい。社会的拘束のまったく特殊な性格は、ある種の分子配列の堅固さによるのではなく、ある種の表象に与えられている威信によっているのだ。確かに、個人的な、あるいは遺伝的な習性というものは、ある観点からすれば、これと同じ属性をもっている。つまり、そうした習性は、われわれを支配し、信念や慣行を押しつける。ただし、それはわれわれを内側から支配するのだ。というのも、それらはまったくすべて、われわれ各人の内に存在しているからである。これとは逆に、社会的な信念や慣行は、外側からわれわれに作用する。このようにして、個人的ないし遺伝的な習性によって行使される支配力と、社会的な信念や慣行によって行使される支配力は、その根本からして大きく異なっているのである。

さらに言えば、社会現象を規定するにあたってわれわれが用いた同じ特徴を、他の自然現象が別の形で示しているからといって驚く必要はない。この類似性は、単にこの二つの現象がともに現実的なものであることに由来しているにすぎない。なぜなら、あらゆる現実的なものは、われわれに課される、つまり否が応でも考慮に入れざるをえないような明確な性質をそなえており、この性質は、どうにか弱めることができた時でさえ、完全に無力なものにすることは決してできないものだからである。とどのつまり、社会的拘束という概念の最も本質的な点はここにあるのだ。なぜなら、この概念が意味するものは、行為あるいは思考の集合的様式が個人の外部に存する一つの実在であり、個人はいかなる時もこれに従っている、ということに尽きるからである。この集合的様式は、それ固有の存在性をそなえた物なのだ。個人はすでに完成されたものとしてこれに直面するのであって、これを存在しないものとみなしたり、実際とは異なる別の存在とみなしたりすることはできない。だから、個人はこれを考慮に入れるよう否応なく強いられるのであり、これを変えようとしても、それは社会がその成員に及ぼす物質的かつ道徳的な優越性にさまざまな程度で関わっているだけに、(不可能とは言わないまでも)困難なのである。確かに、この集合的様式の生成において、個人は一定の役割を演じる。しかし、社会的事実が存在するためには、少なくとも複数の個人が各自の行為を混合させ、この結合によって何らかの新たな所産が引き出される、ということが必要である。そして、この総合は、われわれ各人の外部で生じるものであるため(というのも、そこには複数の意識が参入しているのだから)、個々別々に捉えた時の個人の意志にはよらない一定の行為様式と判断を、われわれの外部に固定し、確立する、という結果を必然的に招くのだ。すでに指摘されているとおり[5]、その通常の語義を少しだけ拡張しさえすれば、非常に特殊なこの存在様式を十分適切に表現しうる一つの言葉が存在する。すなわち、制度(institution)である。実際、われわれは、この表現の意味を損なうことなく、集合体によって制定されたあらゆる信念とあらゆる行為様式を制度と呼ぶことができる。そのとき、社会学は制度の科学、すなわち制度の発生と機能の科学と定義されえよう[6]。

本書が惹起したその他の論争については、振り返って検討する意味はないように思われる。というのも、それらはいずれも本質的な点に触れていないからだ。そもそも、本書の方法の全般的な方向性は、人々が社会類型の分類や正常なものと病理的なものの区別に際して選好する手続きの如何によって変わるものではない。その上、本書に対するそうした反論のほとんどは、われわれの基本原理、すなわち社会的事実の客観的実在性を認めないことに、あるいは留保なしには認めないことに由来している。したがって、結局のところ、すべてはこの原理にかかっており、すべてはここに帰着するのだ。だからこそ、あらゆる二義的な問題からこの原理を引き離し、今一度これを浮き彫りにする価値がある、とわれわれには感じられたのだ。そして、この原理にそのような優越性を認めつつ、われわれは社会学の伝統に忠実なままであることを確信している。なぜなら、社会学の全体が発するのは、根本的には、まさにこの着想だからである。実際、この科学は、社会現象というものが、物質的なものではなくとも、それでも研究対象たりうる現実的なものであると人々が感じ取るようになったとき、初めて生まれえたのであった。つまり、社会現象とは何かということが研究されてしかるべきだ、という考えに至るためには、この現象が明確な形で存在し、その存在様式が恒常的であり、個人の恣意によることなく必然的な諸関係が生じるという性質をもっている、ということが先立って理解されていなければならなかったのだ。それゆえ、社会学の歴史とは、この感情を明確化し、深化させ、そこに内包されているあらゆる帰結を展開させることを目指す絶えざる努力にほかならない。だが、こうした方向ですでに大きな進歩がなされたにもかかわらず、以下に続く本書の記述に接すれば、いまだ数多くの人間中心的公準が残存し、科学への道をあちらこちらで塞《ふさ》いでいるのが分かるだろう。人間は、これほど長い間、わがものだと主張してきた社会的領域に対する無制限の力を捨て去るのを嫌がる。そして、他方では、集合的な力というものが本当に存在するのなら、それを変化させる術もなく、その影響をこうむることを余儀なくされるかのように感じる。それゆえにこそ、人間は集合的な力の存在を否定しようとするのだ。人間がその中で自惚《うぬぼ》れつつ幻想を抱き続けることの全能感は常に弱さの原因であるということを、経験は絶えず繰り返し人間に教えてきた。また、物に対する人間の支配というものは、人が物固有の性質を認め、それが何であるかを物から素直に学ぼうとした時に初めて真に始まる、ということも教えてきた。だが、そうした教えは、これまでのところ徒労に終わっている。この嘆かわしい偏見は、他のすべての科学では一掃されたにもかかわらず、社会学では頑強に続いているのだ。したがって、われわれの科学をこの偏見から完全に解放するよう努めることほど急を要することは他にない。そして、これこそが、われわれの努力の主目的なのである。

原注

(1) この命題を認めるために、社会的生が表象以外のものから成っていると主張する必要はないことは明らかである。表象は、個人的なものであれ集合的なものであれ、それが客観的に研究されるという条件の下でのみ科学的に研究されうる、ということを措定するだけで十分である。

(2) なおまた、この命題は部分的にしか正しくない。――個人以外にも、社会の構成要素をなす物は複数存在する。ただ、個人のみが社会の能動的な要素であることは間違いない。

(3) 改めて証明するまでもなく、社会的事実を外部から研究することの必要性は、この観点から見れば、さらにいっそう明らかである。というのも、社会的事実は、われわれの外部で生じる総合から結果するものであり、この総合についてわれわれは内面的な現象について意識が与えうるぼんやりとした知覚さえもっていないからである。

（4）　われわれが社会的事実に付した強制的な力は、この事実全体のごくわずかな部分にすぎず、社会的事実がこれと反対の性質を同様に示すこともありうる。というのも、われわれに制度が課されると同時にわれわれがこれを強く望むということがあるから、すなわち制度がわれわれに義務を課しつつ、われわれが制度を愛するということがあるからである。制度はわれわれを拘束するが、それと同時にわれわれがその制度の働きから、あるいはその拘束そのものからさえ利益を得ることがある。このアンチテーゼはまさに、異なってはいるものの、ともに現実的な道徳的生活の二つの側面を表現する二つの観念、すなわち善と義務の間に倫理学者がしばしば指摘してきたものである。ところが、この二重の作用、ただしその矛盾はうわべだけのものでしかないこの作用をわれわれの上に及ぼさないような集合的慣行というものは、おそらく存在しない。われわれが集合的慣行を、私利に関わると同時に無私でもあるこの特殊な愛着によって定義しなかったのは、ひとえにそれが容易に感知可能な外的標識によっては表示されていないためである。善とは、義務よりも内的で深部に存する何ものかであり、それゆえ義務よりも把握しがたいものなのである。

（5）『大百科事典（*Grande Encyclopédie*）』中のフォコンネ（Fauconnet）、モース（Mauss）両氏による「社会学（Sociologie）」の項を参照のこと。

（6）　社会的な信念と慣行がこのように外部からわれわれの内に入り込むからといって、それをわれわれが受動的に、何ら修正を加えることなく、そのまま受け取る、ということにはならない。集合的な制度について考え、自らの内にこれを同化することで、われわれはこれを個人化し、これに多少なりとも個人的な刻印を与える。これは、われわれ各人が可感的世界について考えることによって各人の流儀でこれに色をつけ、さまざまな異なる主体がさまざまに異なる形で同じ一つの物理的環境に適応していくのと同様である。われわれ各人が一定程度まで自分の道徳、自分の宗教、自分の技術といったものを作り出すわけは、ここにある。さまざまにありうる個人的な色合いをいっさい帯びないような社会的順応は存在しない。とはいえ、許容される多様性の範囲には限界がある。多様性が容易に犯罪になりうる宗教的現象や道徳的現象の領域では、その範囲は皆無、あるいはきわめて狭い。それに対して、経済生活に関わるいっさいの事柄にあっては、この範囲はずっと広い。だが、その場合でさえ、遅かれ早かれ、人は越えることのできない限界に行きあたるのだ。

序　論

今日に至るまで、社会学者は社会的事実の研究に用いる方法の特徴づけや定義づけについてほとんど気にとめてこなかった。例えば、スペンサー（Herbert Spencer）氏のどの著作においても、方法論に関する問題は何らの位置も占めていない。題名から間違った期待を抱きやすい『社会科学入門（*Introduction à la science sociale*）』も、社会学の困難さと可能性を論証することに専心しており、社会学が用いるべき方法手順を提示するものではない。確かに、ミル（John Stuart Mill）はかなり長期にわたってこの問題を検討した。[1] しかし、彼はコント（Auguste Comte）がすでに述べていたことを自分の弁証法のふるいにかけたにすぎず、真に彼独自と言えるようなものは何も付け足していない。ゆえに、この問題に関して、これまでにわれわれが有する独創的で重要な研究といえば、コントの『実証哲学講義（*Cours de philosophie positive*）』のある章が、ほとんど唯一のものなのである。[2]

もっとも、このような明らかな無頓着も驚くにはあたらない。実際、今、名を挙げた偉大な社会学者たちは、社会の本質、社会的領域と生物学的領域の関係、進歩の一般的行程といったものに関する一般論からほとんど脱することがなかった。スペンサー氏の並外れて大部の社会学でさえ、普遍的な進化の法則が諸々の社会にどのようにあてはまるかを示すこと以外の目的は、ほぼ何ももっていない。ところが、こうした哲学的な問題を取り扱うのに特別で複雑な方法手順は必要ないのだ。だから、演繹法と帰納法の利点を比較計量したり、社会学的調査で用いられる非常に一般的な資料を表面的に検討したりすれば、それで十分だとされたのだ。しかし、事実を観察する際の事前の注意、主要な問題の設定方法、研究が向けられるべき方向、研究を成功に導く詳細な手順、証明を実施する際に適用されるべき規準、こうしたものすべては曖昧なままであった。

幸運なめぐり合わせのおかげで、中でもわれわれのためにボルドー大学文学部に社会学の正規の講座を創設するという最高と言ってよい決断のおかげで、われわれは多くの時間を社会科学の研究に費やすことができ、これを専門的職務内容とすることさえできた。そのおかげで、われわれは右のようなあまりにも一般的にすぎる問題から脱して、いくつかの個別具体的な問題に取り組むことができた。かくして、まさにこの抗《あらが》いがたい勢いによって、社会現象の特性により厳密に適合するように思われる、より明確に限定された研究法を自ら作り上げるよう、われわれは導かれたのだ。本書でその全体を示し、議論に委ねたいのは、この実践の帰結である。確かに、この帰結は、最近われわれが上梓した社会的分業についての著書〔本書の二年前に上梓された『社会分業論（*De la division du travail social*）』〕に暗黙のうちに含まれている。しかし、そうした帰結を同書から取り出して証拠を付し、同書あるいは未公刊の諸研究から事例を借りて説明しながら別途定式化する、という作業には一定の益があるように思われる。そのようにすれば、人々は、われわれが社会学の研究に与えようと努めている方向性をよりよく判断できるはずである。

原注

（1）『論理学大系（*Système de Logique*）』一、VI、第VII—XII章。

（2）『実証哲学講義』第二版、二九四—三三六頁を参照。

第一章　社会的事実とは何か

社会的事実の研究にふさわしい方法とは何かを探究するのに先立って、そのように呼ばれる事実がいかなるものなのかを知っておく必要がある。

社会的事実という言葉が十分な明確さを欠いたまま用いられているだけに、これを問うておくことはいっそう必要である。この語は、ふつう、社会の中で起こり、ある程度の一般性をもって何らかの社会的な意義を示す、ほとんどあらゆる現象を指して用いられている。しかし、この理解に従えば、人間に関する出来事で社会的と名づけられないようなものなど存在しないも同然になってしまう。実際、個々人は飲んだり、眠ったり、食べたり、考えたりするわけだが、こうした機能が規則正しく遂行されることは社会にとってきわめて重要である。したがって、もし仮にこれらを社会的事実だとしてしまうと、社会学は自らに固有の対象をもたないことになり、社会学の領域は生物学や心理学の領域と区別がつかなくなるだろう。

だが、実際には、あらゆる社会の内に、他の自然諸科学が研究する現象から際立った特徴によってきっぱりと区別される特定の現象群が存在する。

私が兄弟としての、夫としての、または市民としての務めを果たすとき、あるいはすでに結び交わした契約を履行するとき、私は、私および私の行為の外部に、すなわち法と習俗の中に定められた義務を果たしている。これらの義務が私固有の感情に合致し、またこれらの義務の実在性が私の心の内に感じられる時でさえ、この実在性は客観的であることをやめるわけではない。なぜなら、これらの義務は私が作ったものではなく、教育によって私が受け取ったものだからだ。しかも、われわれ自身に課せられている義務の細部を知らず、それを知るために法典を参照したり、権威ある注釈者に問い合わせたりしなければならないことが、いかに多いことか！　同様に、信者は自分の宗教的生における信念と慣行を出生と同時にまったく既成のものとして見出すが、それらが信者に先立って存在していたということは、まさしくそれらが彼の外部に存在するものであることを意味している。私が自分の考えを表現するために用いる記号の体系、私が負債を支払うために用いる貨幣の体系、私が商取引関係で用いる信用手段、私が職業的に従う慣習、等々はすべて、私がそれらを利用する仕方とは独立に機能している。以上のことは、社会を構成する成員を一人一人順に取り上げてみれば、その全員にそのたびごとにあてはまるだろう。つまり、このようにして、個々人の意識の外部に存在するという顕著な属性を示す行為、思考および感覚の様式が存在しているのだ。

こうした行為または思考の型は、単に個人に外在するだけでなく、望もうと望むまいと個人に課される命令的で強制的な力を付与されている。なるほど、確かに、私がこれにまったく自らの意志で従っている時には、この強制は無用なものであり、まったく、あるいはほとんど感じられることはない。しかし、それでもなお、強制はこうした事実に内在する特徴である。その証拠に、私が抵抗しようとするや否や、強制ははっきりとその姿を現す。もし私が法の規定を犯そうと試みれば、それは私に逆らい、間に合えば私の行為を阻止し、行為がすでに完了し、かつ回復可能な場合には、これを無効として常態に戻す。もはや他の仕方では回復できない場合には、私を罰し、罪を償わせる。では、純粋な道徳格率については、どうだろうか。公共意識は、市民の行動を監視することによって、また特別な苦痛を課すことによって、道徳格率に反するあらゆる行為を抑制する。その他の場合、拘束はこれほど強くはないが、それでも拘束が存在しないわけではない。例えば、もし私が世間の慣習に従わず、私の国や階級の慣例をまったく無視した服装をすれば、私が招く嘲笑や、皆が私に向ける反感は、緩和された形ではあっても、本来の意味での刑罰と同じ効果をもたらす。また、拘束というものは、間接的な形でしかない時でも、本来の刑罰に比べて効果が劣るものではない。例えば、私は同国人とフランス語で話すことを義務づけられているわけではないし、法定通貨を用いることを義務づけられているわけでもない。しかし、そうしないわけにはいかないのだ。仮に私がこの必然性から逃れようとすれば、その企ては惨めにも挫折に終わるだろう。例えば、私が実業家だったとしよう。私が前世紀的な手順や方法で働くのを禁じるものは何もない。にもかかわらず、もしそうすれば、私は間違いなく破産に追いやられるだろう。私がこうした規則から実際に解放され、これをうまく破ることができる時でさえ、規則と戦わずに済むということは決してありえない。最終的にこれに打ち勝つ場合であっても、これがもたらす抵抗によって、規則は十分にその拘束的な力を感じさせる。およそ改革者であれば、いかに幸運な者であれ、企てがこの種の反対にぶつからなかった者などいはしない。

かくして、ここに非常に特殊な性質を示す一群の事実が存在する。すなわち、それらは行為、思考および感覚の様式から成り、個人に外在して、自らを個人に課す強制力をそなえている。したがって、それらは表象と行為から成るがゆえに有機体の現象とは混同されえず、また個人意識の内部にだけ、個人意識によってのみ存在する心的現象とも混同されえない。要するに、これらの事実は新種をなしており、社会的（*sociaux*）という形容はこれらの事実にこそ付与され、確保されねばならない。実際、この形容は、これらの事実にふさわしい。というのも、これらの事実は、個人を基体としていない以上、全体としての政治社会であれ、その政治社会が内包する宗教宗派、政治党派、文学流派、職業組合などの部分的集団のいずれかであれ、およそ社会以外のものを基体とすることが明らかに不可能だからである。他方、この形容がふさわしいのは、ただこれらの事実に対してだけである。なぜなら、社会的という語は、すでに構成され、名づけられた、事実のカテゴリーのいずれにも属さない現象だけを指示する、という条件において初めて明確な意味をもちうるからである。かくして、そうした現象は社会学固有の領域をなすと言える。確かに、われわれがこれらの現象を規定した際に用いた拘束という語は、絶対的個人主義の熱烈な信奉者たちをたじろがせる恐れがあろう。彼らは、個人は完全に自律的な存在だと公言しているので、個人は自分自身にのみよっているわけではないと感じさせられるたびに、個人の価値が貶《おとし》められるかのように思うのだ。しかし、われわれが抱く観念やわれわれの性向の大部分は、われわれ自身によって作り上げられたものではなく、われわれの外部に由来するものであることに、今日、議論の余地はない。ゆえに、こうしたものは外部から課されることによってしか、われわれの内に入り込めないはずである。われわれの定義が意味するのは、このことに尽きる。付け加えるとすれば、周知のとおり、あらゆる社会的拘束が必然的に個人の人格性と両立しないわけではない(1)。

しかしながら、今しがた挙げた例（法規則、道徳規範、宗教教義、金融システムなど）はすべて構築された信念や慣行から成っているので、そこから推して、社会的事実は明確な組織があるところにしか存在しないと思われるかもしれない。しかし、そのような結晶化された形態をもたずとも、同様の客観性と個人に対する同様の優位性をもつ事実は他にも存在する。社会的潮流（courants sociaux）と呼ばれるものがそれだ。例えば、集会の中で生じる熱狂、憤激、憐憫などの大きなうねりは、個々人の意識のいずれをも、その発生源とするものではない。それは外部からわれわれ一人一人の内にやって来るものであり、われわれ各人が否応なくその中に引き込まれてしまうものだ。確かに、このうねりに抗うことなく身を委ねてしまえば、それが及ぼす圧力を感じない、ということはありうる。しかし、これに対抗し、戦おうと試みた途端、この圧力ははっきりと姿を現す。集合性の顕現たるこのうねりの一つに対して、一個人が抵抗を試みたとしよう。すると、彼が否定する感情は一転して彼に敵対する。そして、この外在する強制力は、抵抗すると姿を現す、ということはつまり、抵抗していない時でも気づかぬうちにであれ存在している、ということである。後者の場合、われわれは幻想に欺《あざむ》かれ、実際には外部から課されているものを自ら作り上げたと信じ込まされているのだ。しかし、われわれが自ら進んでこれに適応し、そのために受けている圧力が隠されてしまうとしても、だからといってこの圧力が消し去られるわけではない。それは、ちょうど、空気が重いとはことさら感じずとも、空気の重さは存在し続けているのと同じである。たとえこの共通の感情に自発的に加わり、自分個人として協力した場合でも、そこでわれわれが抱く印象は、ただ一人でいる時に感じる印象とはまったく別ものである。だからこそ、ひとたび集会が解散し、その社会的影響がわれわれに作用することをやめ、われわれが一人自分自身に返ると、集会中に経験していた感情は、もはや何か見知らぬよそよそしいものであるという強い印象を抱く。そして、そのとき、われわれは自分がこの感情の形成に与《あずか》ったよりもずっと多く、この感情から影響をこうむったことに気づくのだ。こうした感情がわれわれの本性に反する場合には、われわれはこれに戦慄を覚えることさえある。危害を加える気など露ほどもない大部分の個人が、群集（foule）になると残虐な行為に引き込まれるがままになってしまうのはこのためである。そして、こうした一時的な激発的事象について今述べたことは、社会の全域においてであれ、より限定された範囲においてであれ、宗教、政治、文学、芸術などをめぐってわれわれのまわりで絶え間なく生起している、より持続的な、あの世論のうねりにも等しくあてはまるのだ。

その上、この社会的事実の定義は、ある特徴的な経験によって確認できる。すなわち、子どもたちの育てられ方を観察すればよいのだ。事実が現にどのようにあり、またかつて常にどのようであったかをありのままに観察してみれば明らかだが、教育というものは、子どもに対して、本能によるだけでは達しえないようなものの見方、感じ方、行為の仕方を課す、継続的な努力である。われわれは、早くも幼児期から、子どもに対して、規則正しく食べ、飲み、眠ることを強い、さらに清潔さ、落ち着き、従順さを強いる。子どもが大きくなれば、他者への配慮と慣習や礼儀作法の尊重を身につけるよう強い、さらに労働その他を強いていく。こうした拘束が、時が経つにつれて、それと感じられなくなるのは、この拘束によって徐々に習慣や内的性向が生み出され、拘束が不要なものとなるからである。しかし、こうして拘束が習慣や内的性向に取って代わられるとしても、それらがこの拘束に由来するものであることに変わりはない。確かに、スペンサー氏に従えば、合理的な教育はこのような仕方を否定して、子どもをまったく自由に放任しなければならないだろう。しかし、そのような教育理論はこれまで既知のいかなる民族においても実践されたことはなく、個人の願望(*desideratum*)にすぎないのであって、先に挙げた諸々の事実に対置されうるような事実ではない。そうではなく、それらの事実がとりわけ示唆的であるのは、教育というものがまさに社会的存在を作ることを目的としているためである。だからこそ、教育の中に、社会的存在が歴史上どのような仕方で形成されてきたのかを縮図的に見て取ることができるのだ。

子どもが不断に受けているこの圧力は社会的環境の圧力そのものであって、この圧力こそが子どもを社会的環境の理想型どおりに作り上げることを目指している。両親や教師は、その代理人もしくは媒介者にすぎない。

したがって、社会学的現象を特徴づけるために役立つのは、その一般性ではない。一つの思考がすべての個別的意識に見出されたり、一つの運動がすべての個人によって繰り返されたりするからといって、それらが社会的事実をなすわけではないのだ。人々が社会的事実を定義する際、この一般性という特徴で満足していたのは、社会的事実を、個人におけるその具現物（incarnations）とでも呼びうるものと誤って混同したからである。社会的事実を構成するものは、集合として捉えられた集団の信念、性向、慣行である。集合的状態が個人の内で屈折することでまとう諸々の形態は、これとは種を異にする別ものである。この二元性は、これら二種類の事実がしばしば分離した状態で現れることで、はっきり証明される。実際、それらの行為や思考の様式の一部は、人々の間で繰り返し行われる結果として、ある種の一貫性を獲得し、この一貫性がこれらの様式をいわば沈殿させて、これらを反映している個々の出来事から切り離す。かくして、これらの様式は一つの具体的形態（corps）を、すなわちそれ固有の可感的な形態をとり、これを表現する個人的事実からは明確に区別される一種独特の実在を構成するのである。集合的習慣は、それが惹起する継続的な行為に内在的状態で存在するだけではない。それは、生物界に類例が見られない一つの特権によって、繰り返し語り継がれ、教育によって伝えられ、文書として確定されさえする常套句（formule）

の中に、はっきりと表現されている。法規則や道徳規範、民衆の間に伝わる格言や諺《ことわざ》、宗教宗派や政治党派が自らの信じるところを凝縮させる信仰箇条、文学流派が作成する審美規範、等々の起源と本質は、まさにそのようなものなのだ。これらはいずれも、それを現実に応用する個々人の実践の内に、その全体が余すところなく見出されるというものではない。というのも、これらは実践されていない時でさえ存在し続けることができるのだから。

もちろん、このような分離は、常に同じようにくっきり現れるわけではない。だが、社会的事実がその個人における反映から区別されることを証するには、今述べたような重要かつ数多い事例においてこの分離が議論の余地なく認められる、ということだけで十分である。さらに言えば、この分離を直接観察できない場合でも、方法を若干工夫することで顕在化させることはしばしば可能であるし、あらゆる不純物を取り除き、その純粋な状態において社会的事実を観察しようと欲するなら、そのように方法を工夫することは不可欠でさえある。かくして、時代や国により、さまざまな強度で、われわれのうちのある者を例えば結婚に、他の者を自殺に押しやり、また程度はさまざまであれ出生率を押し上げたりするような、一定の世論の潮流というものが存在している。こうした潮流は紛れもない社会的事実である。一見、この潮流は個々の事例においてそれがとる形態と不可分であるように見える。しかし、統計という手段を用いれば、はっきりと分けられる。実際、出生率、婚姻率、自殺率によって、すなわち婚姻、出生、自殺の年平均総数を、結婚、出産、自殺しうる年齢(2)にある者の総数で割って得られる数字によって、これらの潮流は非常に正確に表されるのである。なぜなら、こうした数字のそれぞれは個々の事例をすべて区別なく含んでいるため、社会現象の生成に関係しうる個人的な諸事情は、その中で相殺され、数字の決定には与らないのだから。こうした数字が表現しているもの、それは集合的な魂（âme collective）の、ある一定の状態なのだ。

これこそが、あらゆる不純物を取り除いた社会現象である。その個人的な表現について言えば、確かにそれも社会的なものではある。というのも、それは部分的にせよ、集合的なモデルを再現しているからだ。しかし、その大部分は、個人の有機的‐心的構造や各人が置かれた個別の状況に関係してもいる。ゆえに、それは固有の意味での社会学的現象ではない。こうした個人的な表現は二つの領域に同時に属しており、いわば社会的‐心的現象と呼ぶことができよう。それは社会学の直接の題材になるわけではないが、社会学者の関心を引くものである。これと同様の複合的性質をもつ現象は、例えば生化学のような複合科学の研究において、有機体の内にも認められている。

だが、次のような反論があろう。すなわち、ある一つの現象は、社会の全成員に共通する、あるいは少なくとも彼らの大部分に共通し、つまりは一般的である場合にのみ集合的現象であると言いうるのだ、と。確かにそうだろう。しかし、ある現象が一般的であるのは、その現象が集合的だから（言い換えれば、多少なりとも義務的だから）であって、決して一般的だから集合的であるわけではない。個々人に課され、それゆえ個々人において繰り返されるものは、集団の状態である。それは全体の中に存するがゆえに個々の部分にも存するのであり、部分に存するがゆえに全体の中に存するのでは決してない。このことは、先行諸世代から既成物として現代のわれわれに伝えられる、あの信念と慣行の場合にとりわけ明らかだ。われわれがこれらを受け入れ、取り入れるのは、それが集合的な作品であり、同時に数世紀来の作品であるために、教育がわれわれに承認し、尊重することを教えた独特の権威がそれらに与えられているからである。そして、社会現象のほとんどは、このような経路を通じてわれわれに与えられるということに注意しなければならない。しかし、社会的事実が部分的にであれ、われわれの直接的な協力に負っている場合でも、その本質は変わるものではない。集会で爆発する集合的感情は、単に全員の個人的感情に共通して存在していたものを表現しているのではない。すでに示したとおり、それはまったく別の何ものかなのだ。集合的感情は、共同的生（vie commune）の結果物、つまり個人意識の間で取り交わされる作用と反作用の産物なのである。そして、この感情が各々の個人意識の内で共鳴するのは、まさしくそれが集合的な起源から得ている特別なエネルギーによる。全員の心が一つになって響くのは、自発的な予定調和による一致ゆえではない。同じ一つの力が、同じ方向に全員の心を駆り立てるのだ。各人は全員によって導かれるのである。

以上、われわれは社会学の領域を正確な仕方で描き出す地点にたどりついた。そこに含まれるのは、明確に規定された一群の現象のみである。社会的事実は、それが個人に及ぼす、ないしは及ぼしうる外的な強制力によって認知される。そして、この強制力の実在性はといえば、特定の制裁の存在によって、あるいは社会的事実を侵害しようとするいかなる個人的な企てに対してもこの事実が示す抵抗の存在によって認知される。ただし、先に挙げた注意に従って、社会的事実はそれが広まった際にとる個人的形態とは独立して存在するということを、第二の本質的な特徴として慎重に付け加えるのであれば、そのかぎりにおいて、集団内における広まり具合によって社会的事実を定義することもできないわけではない。この第二の判断基準は、第一のそれよりも適用しやすい場合さえある。実際、拘束は、法、道徳、信念、慣習、さらには流行の場合のように、社会の何らかの直接的な反作用によって外部に示される時には容易に確認される。しかし、経済的組織が及ぼす拘束のように間接的でしかないものとなると、直接的なものほど常にはっきり認められるわけではない。このような時には、客観性に紐づけられた一般性のほうが、より容易に確認されうるのである。もっとも、この第二の定義は第一の定義の別の形でしかない。というのも、個人意識の外部に存在するある行為様式が一般化しているとすれば、それはこの行為様式が個人意識に課されているからでしかありえないのだから。[3]

とはいえ、この定義が完全なものかどうか、問うてみることもできよう。実際のところ、われわれがこの定義の基礎として用いた諸々の事実は、すべて行為様式 (*manières de faire*)、すなわち生理学的な種類のものである。他方、集合的な存在様式 (*manières d'être*)、すなわち解剖学的ないし形態学的な種類の社会的事実も存在する。社会学は、集合的生の基体に関する事柄に無関心ではいられない。しかしながら、社会の構成要素の数と性質、それらの要素の配置のされ方、それらが達した融合の度合い、一定地域内の人口分布、交通路の数と性質、居住の形態、等々といったものは、一見したところでは、行為、感覚ないしは思考の様式に帰着させることができるようには見えない。

しかし、まず指摘されるべきは、これらの多様な現象も、先に他の現象を定義するのに役立ったのと同じ特徴を示している、ということである。すなわち、これらの存在様式は、先に述べた行為様式の場合とまったく同様に、個人に課されるのだ。実際、ある社会が政治的にどのように区分されているのか、またそうしてできた諸区分が相互にどのように関係し合っているのか、さらに諸区分間の融合の度合いはどの程度なのか、といった事柄について知りたい時には、物質的な調査や地理的な観察によって目的に達することはできない。というのも、こうした区分は、何らかの基盤を物理的自然にもっている場合でさえ、道徳的なものだからである。そのような政治的組織は、ただ公の法を通じてのみ探究されうる。というのも、公の法は、家族関係や市民相互の関係を規定しているだけでなく、こうした組織も同様に規定しているからである。ゆえに、そうした組織も家族関係や市民の関係に劣らず義務的なものなのだ。人口が田舎に分散せず、都市に集中するのは、ある世論の潮流が存在するから、すなわちこの集中化を個人に強いる集合的な圧力が存在するからである。また、われわれは自分の服装についても、自宅の形についても、まったく自由に選びうるわけではない。両者とも、同じくらい義務的なものだからだ。交通網のありようは、国内における人口移動や交易などの方向を、またその濃淡さえも否応なく規定する。よって、結論としては、社会的事実の弁別的な標識を示すものとして先に列挙した諸現象のリストにカテゴリーを一つ追ないのだから、この追加も不可欠のものではないだろう。とはいっても、その列挙も厳密に網羅的だったわけではないのだから、この追加をしても役には立たない。というのも、こうした存在様式とは、行為様式の固定化したものにほかならないからだ。一社会の政治構造とは、それを構成するさまざまな環節が相互に関係し合いながら生きる営みの、次第に習慣となって形作られた様式にほかならない。この関係が伝統的に緊密なものであるなら諸環節は融合していく傾向をもつし、反対の場合には分離していく傾向をもつ。われわれが強いられる住居の型とは、周囲の皆が、また部分的には先行諸世代が習慣的にそのように家を建ててきた、その様式にほかならない。そして、交通網とは、交易や人口移動といったものの規則的な潮流が同じ方向に流れることでおのずと穿《うが》たれた河床以外の何ものでもない。なるほど、もし形態学的な次元の現象だけがこうした固定性を示すとすれば、それらの現象は他と区別される一つの種（espèce）を構成する、と考えることもできよう。しかし、法的な規定は建築様式に劣らず恒久的な決まり事であるが、にもかかわらず生理学的な事実なのだ。単なる道徳格率は、確かにこれよりも柔軟である。しかし、それでも、職業上のただの慣習や流行に比べれば、はるかに堅固な形態をもっている。こうして見てくると、最も明確に特徴づけられる構造的事実と、まだいかなる確定的な型にもはめられていない社会的生の自由な潮流との間には、切れ目のない一連の微妙な濃淡が存在することが分かる。つまり、両者の間には、固定化の度合いの差しかないのだ。両者はいずれも、程度の差はあれ、生が結晶化したものにほかならない。確かに、社会の基体に関わる社会的事実に対して、形態学的という語を割り当てることにも利点はあろう。が、それもそうした事実が他のあらゆる社会的事実と同じ性質のものであることを見失わないかぎりにおいて、である。以上のことからして、次のように言えば、必要にして十分な概念を含む明確な定義となろう。すなわち、社会的事実とは、その固定性に関わりなく個人に外的拘束を及ぼしうる、あらゆる行為様式のことである。さらに言えば、それは、その個人的な表現から独立したそれ自身の存在をもつ、所与の社会に一般的に広まっているあらゆる行為様式である。[4]

原注

（1） だからといって、あらゆる拘束が正常なものである、という意味ではない。この点については、のちに改めて論じる。

（2） 自殺は、あらゆる時代、あらゆる年齢に同じ頻度で生じるわけではない。

（3） 社会的事実のこのような定義が、タルド氏のあの独創的な体系の基盤になっている定義からどれほど隔たったものか、お分かりいただけよう。まず、集合的事実の生成を説明する際にタルド氏が模倣（imitation）に帰している、あの決定的な影響力を確認するものは、われわれの研究のどこにもいっさい認められなかったことを明言しておかなければならない。さらに、理論というよりも観察の直接的な資料の単なる要約にすぎない先の定義からでも、模倣というものが社会的事実における本質的なものや特徴的なものを常に表現するわけではないこと、それどころか決して表現しないという結論が、確かに導かれるようにさえ思われる。なるほど、あらゆる社会的事実は模倣されるし、今示したとおり一般化する傾向をもっている。しかし、それは社会的事実が社会的なものだから、つまり義務的なものだからである。社会的事実の伝播力は、その社会学的特性の原因ではなく結果なのだ。せめて社会的事実だけがこの結果を生み出すのであったなら、模倣は、社会的事実を説明はできないまでも、少なくともこれを定義する役には立ったことだろう。しかし、続々と波及していく個人の状態は、だからといって個人的なものでなくなるわけではない。のみならず、模倣という語が強制的な影響力に起因する伝播を指し示すのに本当に適した語かどうか、いささか疑わしい。というのも、模倣という単一の表現の下に、それぞれ非常に異なり、区別されなければならない諸現象が混同されているからである。

(4)　生と構造の、器官と機能のこの緊密な関係性は、社会学では容易に立証されうる。というのも、両極をなすこれら二項の間には、直接的に観察可能な一連の中間項が存在しており、そのことが二項のつながりを明示しているからである。生物学には、このような手段は存在していない。しかし、この点について社会学から得られた帰結は、等しく科学である以上、生物学にもあてはまり、したがって社会においてと同様、有機体においてもこれら二項の事実の間には程度の差しかない、と考えることは十分に可能であろう。

第二章　社会的事実の観察に関する規準

第一の、そして最も基本的な規準は、社会的事実を物のように考察することである。

一

一つの新たな次元に属する諸現象が科学の対象となるとき、そうした現象は、感覚的なイメージによってだけでなく、大まかにであれ、すでに形成されている種々の観念によっても、精神の内にあらかじめ表象されているものである。物理学や化学の最初の礎石が据えられる以前から、すでに人々は、物理‐化学的現象について、純粋知覚にとどまらず、これを越える観念を抱いていた。例えば、あらゆる宗教において混沌とした状態で見られる諸観念がそれである。このことは、実際のところ、反省は科学に先行し、科学は反省をより方法的に利用するにすぎないことを意味している。人間は、諸物から成る環境の中にあって、そうした物を基にして諸々の観念を作り上げ、この観念によって自らの行為を決めなければ、生きていくことはできない。ただ、こうした観念は、それが対応する実在そのものよりも身近で手の届く範囲にあるように感じられるため、われわれは自然にこれを実在と置き換え、これを思弁の対象とする方向にさえ向かってしまうのだ。物を観察し、描写し、比較する代わりに、自分が作った観念を取り上げ、分析し、相互に結びつけることで満足してしまう。これではもはや観念論的分析を行っているにすぎず、実在に関する科学とは言えない。むろん、この種の分析が必ずあらゆる観察を排除するわけではない。そうした観念やそこから導かれる結論を確かめるために事実に訴えるということはありうる。しかし、その場合、事実は実例ないし確認のための証拠でしかなく、付随的な役割しか果たしていない。要するに、そこで事実は科学の対象になっていないのだ。このような科学は、観念から物へと進んでしまっており、物から観念へと進んではいないのである。

この方法では、客観的な結論を得られないことは明らかである。実際のところ、概念、観念、また他のどのような名で呼ばれようとも、そうしたものは物の正当な代替物ではありえない。そうしたものは日常的経験の産物であり、何よりもまず、われわれの行為とわれわれを取り巻く世界とを調和させることを目的としている。つまり、それは実践によって、実践のために形成されているのだ。もっとも、「こうした概念、観念ないし」表象といったものが、理論的にはまるで間違っていても、行為と世界の調和という役割を有効に果たしうる場合はある。例えば、コペルニクスは、すでに何世紀も前に、天体の運動に関するわれわれの感覚が錯覚であることを白日の下にさらしたが、にもかかわらず、今なおわれわれはその錯覚に従って日常生活の時間配分を行っている。そもそも、物の本性に対応する適切な動作を観念が惹起するために、この観念がその物の本性を忠実に表現している必要はない。つまり、通常は、その物が有用か、あるいは有害か、またどのような点で役立ち、あるいは邪魔になるのか、こうしたことをその観念が感知させてくれれば、それで十分なのだ。さらに言えば、このようにして形成された観念の実践における的確さも、近似的なもの、つまり単に多くの場合にあてはまるという程度のものでしかない。こうした観念が不適切であるのと同じくらい危険でもある場合が、どれほど多いことか！　だから、いかなる仕方でこうした観念を練り上げたところで、実在の法則の発見には決して至るまい。こうした観念は、むしろ物とわれわれの間に置かれた幕のようなものであり、これを透明だと信じ込めば信じ込むほど、物はむしろ覆い隠されてしまうのだ。

つまり、このような科学は、単に不備があるというよりも、与えられるべき研究の素材をそもそも欠いている。このような科学は、言うなれば、出現するや否や消滅して技術へと姿を変えてしまうものである。実際、こうした観念は、実在する物それ自体と混同されて、あたかも実在物における本質的なものをすべて含んでいるかのようにみなされる。しかし、そうなると、それらの観念は、事実が今現に何であるかを理解させるにとどまらず、そうであるべき事実とそれを実現する手段を規定するために必要なものをすべて含んでいるかのように思われてしまう。というのも、物の本性に合致するものこそ善きもの、物の本性に反するものは悪しきものとみなされ、善に到達し、悪を避ける手段は、その同じ本性から導き出される、とされるからである。そうだとすれば、もし仮にわれわれが物の本性をただちに苦もなく把握するのなら、実在を研究することに、もはや実践的な利益はないことになる。ところが、この実践的な利益こそがこの研究の存在理由だったのだから、これ以降、研究は目的を失ってしまう。かくして、反省は、科学の本来の対象そのものであるはずのもの、つまり現在と過去に背を向けるよう仕向けられ、一足飛びに未来に向かって突進する。反省は、現実のものになっている既存の事実を理解するよう努める代わりに、人々の追求する目的によりいっそう適合するような事実をいきなり新たに実現しようと企てる。物質の本質的要素が分かったと信じ込むや否や、賢者の石の探究に取りかかる、というわけだ。科学に対する技術のこのような侵害は、科学の発達を妨げるだけでなく、科学的反省の覚醒を促す事情それ自体によって助長される。というのも、科学的反省は、それなくしては人が生きていけない必要を満たすためにこそ生まれてくるので、まったく当然にも実践へと方向づけられているからである。科学的反省が満たすように求められる欲求《ニーズ》（besoins）は常に急を要するものであり、それゆえこの反省は一刻も早く目的を達成するよう駆り立てられる。結局のところ、こうした欲求《ニーズ》は説明ではなく解決策を求めているのだ。

以上のような思考法は、人間精神の自然な性向に非常によく適合しているため、物理諸科学の起源にさえ見出される。錬金術と化学を分かつもの、占星術と天文学を分かつものは、まさしくこの思考法なのだ。例えば、フランシス・ベーコンは、当時の学者たちが従っていた方法をそのようなものと捉え、これと戦っている。これまでわれわれが論じてきた観念は、ベーコンの言葉で言えば、通俗観念（*notiones vulgares*）または予断（*praenotiones*）

であり、[1] これがあらゆる科学の基礎に置かれ、[2] 本来事実が占めるべきその場所を奪っている、と彼は指摘している。[3] これが、いわゆるイドラ（*idola*）、すなわちわれわれに諸物の真の姿を歪めて見せながら、にもかかわらずそれが物そのものであるかのように感じさせる、ある種の幻影である。そして、このような架空の環境は人間の精神に何の抵抗ももたらさないので、精神は何ものにも制約されていないと感じ、果てしない野望に身を委ねて、自らの力だけで自らの欲するがままに世界を組み立てることができると、いや、むしろ組み立て直すことができると信じ込むのだ。

自然諸科学でさえこのような状況だったのなら、社会学もまた同じ状況に陥ったのはなおのこと必然であった。もともと人々は、社会科学の到来を待たずして、法律、道徳、家族、国家、そして社会それ自体について一定の観念を形成していた。というのも、こうした観念なしで生きていくことなどできなかったからである。そして、ベーコンの表現を再び借りれば、こうした予断が人々の精神を支配し、物に取って代わりやすいのは、とりわけ社会学においてなのだ。実際、社会的な物は人間によって実現されるほかない。それはあくまでも人間の活動の産物なのだ。それゆえ、社会的な物は、生得観念か否かを問わず、人間精神の内部に存する観念が現実化したもの、すなわち人間の相互関係にともなうさまざまな状況に観念を適用したものにすぎないかのように見える。だから、家族、契約、刑罰、国家、社会といった組織が、あたかも社会、国家、正義などに対してわれわれが抱いている観念の単なる展開であるかのように思ってしまうのだ。こうして、結局、これらの事実およびこれに類する諸事実は、観念の内部でのみ、また観念によってのみ実在性をもつとみなされるのである。というのも、こうした観念こそ、社会的な事実の本質的要素をすべて含むいわば胚種であり、したがってその展開である事実よりも、むしろ観念こそが社会学に固有の対象になるとみなされるからである。

このような見方が正しいと信じられているのはなぜか。それは、社会的生のこまごまとした事実はあらゆる面で人間の意識をはみ出すものであるため、意識の知覚力では、そうした詳細な事実が実在することを感じ取れないからである。われわれは、そのような細部に対して、強い結びつきも身近さも感じない。ゆえに、われわれは、まるで何ものともつながらず、虚空の中を、実在性がおぼろで、どこまでも変幻自在な素材の中を漂《ただよ》っているかのような印象を安直に抱いてしまうのだ。あれほど多くの思想家が、社会的組織というものを、人為的なものであって多かれ少なかれ恣意的な結合でしかないと見ていた理由は、まさにここにある。しかし、そうした詳細、すなわち社会的生の個別具体的な形態を完全に捉えることはできないとしても、少なくとも集合的生の最も一般的な面についてなら、われわれは大まかに、近似的に思い描いているものだ。そして、この図式的で大まかな表象こそ、まさしくわれわれが日常生活の中で無反省に習慣的に依拠している、あの予断を構成しているものなのである。だから、われわれは自分自身の存在を感じ取ると同時に、この予断の存在を感じ取り、ゆえに予断の存在を疑ってみることさえできない。予断は、われわれの内部に存在するというだけでなく、幾度も繰り返された経験の産物でもある。そのために、反復とその結果としての習慣によって、予断には一種の支配力と権威が付与される。つまり、予断から解放されようと努めれば、予断がわれわれに抵抗するのを感じることになる。そして、われわれは、われわれに抗してくるものを現実的なものとみなさずにはいられない。こうしたことのすべてが、予断を真の社会的現実（réalité sociale）であるかのように見せるのだ。

事実、現在に至るまで、社会学は物ではなく観念を取り扱うことを多かれ少なかれ主としてきた。確かに、コントは、社会現象は自然的事実であり、自然法則に従うものである、と言明した。このことから、コントは暗黙のうちに社会現象の物としての性格を認めていた、と言えよう。というのも、自然の中には物しか存在しないのだから。しかし、こうした哲学的な一般論から離れて、自分の原理を現実に適用し、原理の中に含まれている科学を導出しようとする際にコントが研究対象としたのは、観念なのだ。実際、彼の社会学の主題は、時の流れの中における人類（humanité）の進歩である。彼は、人間本性（nature humaine）のいっそう完全な実現に向かって連綿と続く人類の進化が存在する、というあの観念から出発する。彼が扱う問題は、この進化の順序を見出すことである。しかし、このような進化の存在を仮定するのはよいとしても、その実在性は、いったん科学が成立したあとでなければ証明されえない。ゆえに、そのような進化を研究対象にしうるとしても、それは物としてではなく、精神による着想としてでしかありえない。そして、実際、ここで問題になっているのはまったく主観的な一表象なのだから、この人類の進歩なるものは、事実として存在しないのだ。存在するもの、すなわち観察に与えられるもの、それは互いに無関係に誕生し、発展し、死滅する個々の社会を措いて他にはない。もし仮に最も新しい社会がこれに先行した社会の延長でありさえしたなら、あらゆる高度な社会類型は、そのすぐ下位に位置する社会類型の単純な反復的連結に多少何かが付加されたもの、と考えることができたかもしれない。それならば、同一の発達度にある社会類型を同じものとみなしてまとめ、それらをいわば端と端ですべてつなぎ合わせて、それをもって人類の〔進歩の〕典型と考えうる一つの連なりを作り上げることができたかもしれない。しかし、事実は、そのような単純きわまりない姿で現れるものではない。ある一民族が他の一民族に取って代わる場合、前者は後者の単なる延長にいくらか新しい特徴が付け加わったものではない。前者は後者とは別ものであり、ある属性をより多く、他の属性をより少なく帯びている。つまり、その民族は新しい一つの個性をなしているのだ。こうした明確な個性というものは、すべて互いに質を異にするものであり、それらを同じ一つの連なりとして、まして唯一ありうる連なりとしてまとめてしまうことなどできようはずもない。というのも、諸社会の継起は一本の軌跡をもって示しうるものではなく、むしろ四方八方に枝を伸ばす樹木に似たものだからだ。要するに、コントは歴史の展開というものを、それについて自分が抱いている観念と取り違えたのである。しかも、彼のこの観念は、世間一般の人々が歴史の展開と言われて思い浮かべる観念と大差ないものだ。確かに、実際、遠くから眺めれば、歴史はそのような一続きの単純な様相を呈する。人はそこに次から次に連なって現れる個人だけを、そして同一の本性をもっているがゆえに全員が同一の方向に進むような個人だけを見出す。その上、社会の進化は何らかの人間の観念の展開とは別ものでありうることが理解されていないために、世間の人々がそれについて抱いている観念によって社会の進化を規定するということも、まったく当然のことのようにみなされている。ところが、そのような仕方で進めると、観念論の内にとどまってしまうばかりでなく、固有の意味で社会学的であるとはまるで言えないような概念を社会学の対象にしてしまうのである。

確かに、スペンサー氏はそのような概念を退けている。しかし、それは同じ仕方で作られた別の概念に置き換えただけなのだ。彼は人類ではなく社会を科学の対象とする。ただ、それに続いてただちに彼が社会に与えた定義はといえば、彼が語っている当のものを消し去って、その代わりその場所にそのものについての自分の予断を置く、という類いのものなのだ。実際、彼は「諸個人の並存に協働が付加された時にしか社会は存在しない」ことを、また諸個人の結合が固有の意味での社会になるのはそのような時だけであることを、自明の命題として定立する。(4) 次いで、協働が社会的生の本質であるというこの原理から出発して、そこで優勢な協働の性質に従って社会を二種に区別する。彼は言う。「私的な性格をもつ目的を追求する際、事前に明確に意識されることもなく行われる自発的な協働がある。他方また、何らかの公的利益が目的であることがはっきり認識されていることを前提とするような、意識的に制度化された協働もある」。(5) そうしてスペンサー氏は前者を産業社会、後者を軍事社会と名づけるのだが、この区別こそ彼の社会学の根本観念だと言えよう。

しかるに、出発点となるこの定義では、精神の一つの見方にすぎないものを、あたかも一つの物であるかのように言い立てている。実際、この定義は、直接目に見える、観察によって十分に確認できる一事実の表現として提示されている。というのも、この科学では、はじめからこの定義が一つの公理であるかのように定式化されているからだ。だが、協働が本当に社会的生のすべてであるのかどうかなど、通り一遍の検討で分かることではない。そのような断定は、集合的生存のあらゆる表出を検討することから始めて、それらすべてが協働のさまざまな形態であることを明らかにしないかぎり、科学的に妥当なものにはなりえない。つまりは、これもまた社会的実在のある構想の仕方が当の実在に取って代わったものであるということだ。(6) そのようにして定義されるもの、それは社会ではなく、社会についてスペンサー氏が抱いている観念である。そして、もし彼がこのような進め方に何のためらいも感じないとすれば、それは彼にとってもまた、社会とは観念の現実化、すなわち社会を定義したあの協働の観念そのものが現実化したものでしかなく、またそうでしかありえないからである。(7) 彼が取り組む個々の問題のそれぞれについても、彼の用いている方法が同じであることは、たやすく示すことができよう。また、彼は経験に立脚して論を進めているように装ってはいるが、彼の社会学の中に集められた諸々の事実は、物を記述し、説明するためというより、むしろ観念の分析に例を与えるために用いられているのであって、議論の体裁を整えるためだけに置かれている、との感を否めない。事実、彼の教説に含まれている本質的なものはすべて、社会についての彼の定義から、また協働の多様な形態についての彼の定義から直接、演繹されうる。というのも、われわれに与えられる選択肢が抑圧的に強いられる協働と自由で自発的な協働の間にしかないとすれば、人類が目指しており、また目指すべき理想が後者であることは分かりきっているからだ。

こうした通俗的な観念は、科学の基盤に見られるだけでなく、論理展開のあらゆる瞬間に認められる。われわれの知識の現状では、国家、主権、政治的自由、民主主義、社会主義、共産主義、等々がどのようなものであるかを正確に分かっているわけではない。したがって、科学的に構成されたものではない以上、こうした概念の使用を自らにいっさい禁じることが、方法論的には望まれよう。ところが、そうした概念を表す語は、社会学者の議論の中に絶えず繰り返し現れている。それらの語がわれわれに思い起こさせるのは、混乱した観念、すなわち漠然とした印象や偏見や情念の不分明な混合物でしかないにもかかわらず、まるで熟知され、明確に定義された物に対応しているかのように、こうした語をふだんから確信をもって用いているのだ。今日、われわれは、中世の医師たちが暑、寒、湿、乾などの観念を用いて組み立てた奇妙な論理を一笑に付す。だが、その同じ方法を、極端に複雑であるがゆえに他のあらゆる現象に劣らず適用しがたい現象群に適用し続けていることには気づいていないのである。

以上のような観念論的性格は、社会学の専門諸分野においては、さらにいっそう著しい。道徳論の場合が、とりわけそうである。実際、道徳というものを、潜在的にはそのすべてを含んでいる、始原たる一観念の単純な展開として示していない道徳学説など一つとして存在しないと言える。この観念を人間は生まれながらに完成されたものとして自らの内に宿していると考える者もいれば、反対に、歴史の流れの中で緩急はあれ徐々に形作られるものと考える者もいる。しかし、前者にとっても後者にとっても、つまり合理論者にとっても経験論者にとっても、この観念が道徳における真に現実的なもののすべてであることに変わりはない。法および道徳の個々の具体的な規則について言えば、それはいわばそれ自身で存在するものではなく、この基本観念が生の個別的状況に応用されたもの、また場合に応じて多様化したものにすぎないとされるだろう。そうなると、道徳論の対象は、実在性のない、こうした規則の体系ではなく、規則がそこから流出してくる観念、つまりそのさまざまな応用こそが規則である当の観念でなければならないだろう。このようにして、今日、倫理学で一般的に提起されているあらゆる問題は、物ではなく観念に結びつけられている。つまり、そこで解明すべきだと考えられているのは、法の観念や道徳の観念がどのように構成されているかであり、それ自体として捉えられた道徳や法の本質がどのようなものであるかではない。要するに、倫理学者たちは、いまだ次のようなきわめて単純な見解にさえ到達していないのだ。すなわち、可感的な物についてのわれわれの表象が、その物それ自体に由来し、多少なりとも正確にこれを表現しているのと同様に、道徳についての表象も、われわれの目の前で日々機能している規則のありようそれ自体に由来し、これを図式的に描き出しているという見解、したがって物理学の対象はあるがままの物体であり、物体について世間一般の人々が抱いている観念ではないのと同様に、倫理学という科学の素材をなすのは、そうした規則そのものであって、規則についてわれわれが抱いている皮相な考えなどではないという見解である。その結果、本来道徳の一角でしかないもの、すなわち道徳が個人意識の中に流入し、これに影響を与える様式が、道徳の基盤とみなされてしまう。さらに言えば、この方法が奉じられているのは、この科学の最も一般的な問題に対してだけではない。個々の特殊な問題に対しても同様なのだ。実際、倫理学者は、最初に研究する本質的な観念から始め、次いで家族、祖国、責任、慈悲、正義といった二次的な観念へと進んでいくが、その考察の適用対象はいずれにせよ観念なのである。

以上のことは、経済学においても何ら変わらない。ステュアート・ミルは言う。経済学の研究対象は、主に富の獲得を目指している、あるいはただそれだけを目指すことから生み出される社会的事実である、と。(8) しかし、このように規定された事実が物として学者の観察に与えられうるには、少なくとも、右の条件を満たす事実がどのような標識で見分けられるのかを示す必要があろう。ところが、科学の出発点においては、事実がどのようなものであるかを知ることはおろか、その標識の存在すら断言することはできない。実際、どのような分野の研究であれ、事実の解明が十分に進められて初めて、事実が目的をもっていること、その目的がどのようなものであるかといったことを明示できるのだ。この問題ほど複雑で、すぐには解けない問題など他に存在しない。よって、富に対する欲望がそのような支配的な役割を現実に演じる社会的活動の一領域が存在するということを、あらかじめ確信させてくれるものなど何もない。結局のところ、こうして考えてみれば、経済学の素材は、指で指し示することのできる実在物からではなく、単に可能的なものから、つまり精神によって構築される純然たる観念から成っていることが分かろう。この観念とは、言い換えれば、経済学者が自分の考える結末をもたらすと解する事実、彼が解するとおりの事実である。例えば、経済学者は、はたして自分が生産と呼んでいるものを研究しようとしているのだろうか。経済学者は、生産の実行に与《あずか》る主な要因を列挙し、これを検討することがいきなり可能だと信じている。ということはつまり、当の研究の対象が規定されている諸条件を観察して、そこからそうした要因の存在を認知したわけではない、ということだ。そうでなければ、自分がこの結論を引き出した種々の経験を提示することから始めただろう。ところが、実際には、研究の最初から、わずかばかりの言葉で、この分類が行われている。これはすなわち、単なる論理的分析によって行われた、ということだ。つまり、経済学者は生産の観念から出発し、これを分解することで、それが自然諸力、労働、手段、資本といった観念を論理的には内包していることを発見し、次いでこれらの派生的な観念を同様の仕方で取り扱っているのである(9)。

あらゆる経済学理論の中でも最も基本的な理論、すなわち価値論は、明らかにこの同じ方法によって構築されている。もし仮にその中で価値なるものが実在に対して真に用いられるべき方法で研究されていたなら、経済学者は、まずこの価値という名で呼ばれるものがいかなる特徴によって認知されうるかを示し、次いでこれをいくつかの種に分類し、さらにそれらの種がいかなる原因に応じて互いに異なっているのかを系統立った帰納によって探究し、最後にそうして得られた多様な結果を比較して一つの一般的な定式を導き出す、という手順を踏んでいたことであろう。したがって、この科学がかなりの程度、推し進められないかぎり、理論というものは出現しえなかっただろう。ところが、実際には、その反対に、この科学の発端から理論に出くわすのだ。これはつまり、理論を構築するにあたって、経済学者は価値、すなわち交換されうる一対象について自分が心に抱いている観念に思いを凝らし、これを意識化することで満足している、ということである。かくして、経済学者は価値の観念が効用や稀少性といった観念を内包していることを発見する。そして、そのような分析の産物によって、自らの定義を構成するのだ。確かに、経済学者は、いくつかの例を挙げて、この定義を裏づけようとしている。だが、このような理論が説明を与えなければならない事実は数えきれないほどの量にのぼることを考慮に入れれば、思いつくままに挙げられた、おのずときわめて少数のそのような事例に、わずかでも論証的価値を認めることなど、どうしてできようか。

つまり、倫理学と同じく、経済学でもまた、科学的な研究と呼びうる部分はごく限られており、むしろ技術と呼ぶべき部分が支配的なのである。倫理学における理論的な部分は、義務、善、権利の観念に関する若干の議論に帰着するが、そうした抽象的な思弁は、厳密に言えば、まだ一科学をなしてはいない。というのも、それは至高の規範が実際にどのようなものであるかではなく、どのようなものであるべきかを規定することを目的としているからである。これと同様に、経済学者たちの研究の中で最も多くの場所を占めている問題は、例えば社会は個人主義者の構想に従って組織されるべきか、それとも社会主義者の構想に従って組織されるべきか、また国家が商工業の諸関係に介入したほうがよいのか、それとも民間のイニシアティヴに完全に委ねたほうがよいのか、さらに通貨制度は単本位制であるべきか、それとも複本位制であるべきか……といったものである。そこには、本来の意味での法則は、ほとんど存在しない。ふだん法則と呼び慣わされているものでさえ、たいていはその名に値するものではなく、単なる行為の格率であったり、法則を装った実践的教訓にすぎなかったりしている。例えば、あの有名な需要と供給の法則からして、そうなのだ。この法則は決して、経済的現実の表現として、帰納的に定立されたものではない。経済的諸関係が事実この法則に従って推移していることを立証するためのいかなる実験も、一定の方法に則ったいかなる比較も、これまでに策定されたことはないのだ。実際に可能で、実際に行われたことといえば、ただ、個人は自分の利益をよく理解していればかくかくしかじかのとおり行為するに相違なく、それ以外の仕方はすべて自分の利益を損なうものなので、あえてそのような仕方で行為することはまったくの論理的な錯乱を意味する、ということを推論として示すことだけであった。確かに、最も生産的な産業が最も求められ、最も需要が多く最も稀少な生産物の所有者が、これを最も高い価格で販売する、ということは論理的である。しかし、このようなまったく論理的な必然性は、本物の自然の法則が示す必然性とは似ても似つかない。真の自然の法則とは、事実が実際に結びついている関係を表現するものであって、好都合な結びつき方を表現するものではないのだ。

たった今、需要と供給の法則について述べたことは、正統派経済学が自然的と評するあらゆる法則にもあてはまる——もっとも、それらのほとんどは需給の法則の個別事例にすぎないのだが。想定されたある目的を達成するために、用いられることが自然な、または自然に見えるような手段を表示しているという意味でなら、お望みならば、そうした法則を自然的と呼んでもよかろう。しかし、もし自然法則の語を帰納的に証明されたいっさいの自然の存在様式と解するのであれば、経済学者の言う自然法則をその名で呼んではならない。要するに、それらは実践的な知恵から来る指針にすぎないのである。にもかかわらず、実在の表現そのものであるかのように多少なりとももっともらしく提示されえたのは、その当否はともかくとして、ほとんどの人間がほとんどの場合、そうした指針に実際に従っていると想定してよいと信じてしまったからである。

ともあれ、社会現象は物であり、物のように取り扱われねばならない。この命題を証明するためには、社会現象の本質に関する哲学的思弁も必要なければ、社会現象と下位領域の諸現象との類似性に関する議論も必要ない。社会現象が社会学者に供されている唯一の与件(*datum*)であることを確認すれば十分なのである。実際、物とは観察に与えられるもののすべて、観察に供される、というよりはむしろ観察に強制されるものすべてである。現象を物のように取り扱うこと、それは科学の出発点をなす資料(*data*)としてそれらを取り扱うことにほかならない。そして、社会現象はこのような性質を異論の余地なく示している。われわれに与えられているのは、価値について人々が作り上げている観念などではない。そのようなものに到達することなどできない。そうではなく、与えられているのは、経済的諸関係を通じて実際に交換されている価値である。道徳的理想に関するあれやこれやの見解ではなく、人々の行為を実際に規定している諸々の規範の総体である。効用や富の観念ではなく、経済的組織におけるあらゆる具体的細事なのだ。なるほど、社会的生はいくつかの観念が展開されたものにすぎない、と言うことはできよう。しかし、そのように想定したところで、そうした観念が無媒介に与えられるわけではない。ゆえに、そうした観念に直接的に到達することはできず、ただそれらを表現している現象的実在を通して迫っていくほかない。社会的生を構成する多種多様な潮流はどのような観念が源泉となって生み出されるのか、あるいはそもそもそのような観念が存在するのかどうかさえ、われわれはアプリオリに知っているわけではないのだ。そうした潮流を遡り、源泉に至って初めて、それがどこから来ているのかを知るのである。

　したがって、社会現象はそれらを表象する意識主体から切り離して、それ自体として考察されねばならない。すなわち、外在する物として、外部から研究されねばならない。それら社会現象がわれわれに対して姿を現すのは、この性質においてなのだから。もしそのような外在性が見かけだけのものにすぎないのなら、科学が進歩するに従って、そのような錯覚は消え去り、いわば外部が内部に入り込むさまが見られるだろう。しかし、研究の結果というものは予断を下すことのできないものであり、たとえ最終的に物に固有のすべての特徴はそなわっていないと結論づけられるとしても、まずはそうした特徴がそなわっているものとして社会現象を扱わなければならない。ということはつまり、この規準は、いっさいの例外の余地なく、いっさいの社会的現実に適用されるのだ。たとえその現象が人為的な取り決めから成っているとしか見えない場合であっても、この観点から考察されなければならない。ある慣行や制度の契約的な性格など、決して事前に推定されてはならないのだ。これに加えて、憚《はばか》りながら私の個人的な経験をもって考えてみれば、次のことは確実に請け負えると信じられる。すなわち、このような仕方で研究を進めれば、一見これ以上ないほど気紛れに見える事実が、より注意深い観察ののちには、恒常性と規則性という特徴を、つまりその客観性の徴候を示すことが分かり、かくして研究者はたびたび満足を得ることになる、ということだ。

のみならず、一般的に言って、社会的事実の弁別的な特徴についてすでに述べたことは、この客観性の本質について確信を得るのに、またそれが錯覚ではないことを証するのに十分である。実際、一つの物をそれと認識する際、主たる標識となるのは、意志をもって命じるだけではその物を変化させられない、ということである。物は絶対に変化しない、ということではない。しかし、物を変化させるためには、そう望むだけでは不十分であり、これに加えて多少なりとも骨の折れる努力が必要である。なぜなら、物にはわれわれに対する抵抗力がそなわっている上、この抵抗にわれわれは常に打ち勝てるとは限らないからである。ところで、すでに見たとおり、社会的事実はこうした属性を帯びている。それは、われわれの意志の産物であるどころか、逆に外部からわれわれの意志を制限するものである。それは、われわれの行為が必然的にそこに流れ込む鋳型のようなものになっている。この必然性が逃れられないほど強い場合さえ少なくない。たとえわれわれがこの必然性に打ち勝つことに成功した場合でも、そこで遭遇する抵抗によって、われわれから独立した何らかの物が眼前に存在していることに十分気づかされる。このようにして、社会現象を物のように考察するということは、社会現象の本質に従うことにすぎないのだ。

結局のところ、社会学に取り入れなければならないこの改革は、ここ三〇年にわたって心理学を変容させてきた改革と、あらゆる点でまったく同じものである。コントとスペンサー氏が、社会的事実は自然的事実であると宣言しながら、実際にはこれを物のように取り扱うことをしなかったのと同じく、多様な経験論学派はいずれも、ずっと以前から心的現象の自然的性格を認めていながら、相変わらず純然たる観念論的方法をこれに適用し続けていたのである。実際、経験論者たちは、その敵対者たちと同様に、内省という方法ばかり用いていた。しかるに、自分自身の中でのみ観察した事実は、あまりに数が少なく、あまりに捉えどころがなく、あまりに変わりやすいために、習慣によってわれわれの内に根づいてしまっている〔この事実に〕相当する観念を圧倒して、これを従わせることはできない。したがって、そうした観念が何か別の統制の下にないかぎり、これを抑制するものは何もない。その結果、事実に取って代わって観念が科学の素材になってしまう。こういうわけで、ロックもコンディヤックも心的現象を客観的に考察したのではない。彼らが研究したのは、感覚そのものではなく、感覚についてのある観念なのだ。だから、彼らはいくつかの点で科学的心理学の到来を準備したとはいえ、それが真に誕生したと言えるのは、ずっとあとのこと、つまり意識の状態は、それを感じている意識の視点からではなく、外部から考察されうるし、また考察しなければならない、というあの着想に人々がようやく到達して以後のことである。これこそが、この研究分野〔心理学〕で達成された偉大な革命である。心理学を豊かなものにするために用いられた個別具体的なあらゆる手順とあらゆる新たな方法とは、この基本的な考え方をより完全に実現するための多様な手段にほかならない。成し遂げるべく社会学に残されているのは、この同じ進歩である。社会学はいまだに主観的な段階をほとんど乗り越えていない。だが、そこから客観的段階へと移行しなければならないのだ。

しかも、この移行の実現は、心理学の場合ほど困難ではない。実際、心理学的事実は主体の状態として自然に与えられているため、これ〔主体の状態〕から分離不能であるようにさえ見える。心理学的事実は、定義上、当然ながら内的なものであるため、これを外部的なものとして取り扱えば、その本性は否応なくねじ曲げられてしまうように思われる。それゆえ、この視角から〔外部から〕の考察を成功させるには、概念化に努めるだけでなく、さらに一連の手順と技巧が必要になるのだ。それに対して、社会的事実は、これよりもずっと自然かつ直接的に物としてのあらゆる特徴を帯びている。法は法典の中に存在しているし、日常生活のさまざまな動きは統計数字の中や歴史的記念物の中に記録されている。流行は服装の中に、美的趣味は芸術作品の中に刻み込まれている。このような社会的事実は、個人意識の外部に構築される傾向を、その本性そのものとしてもっているのだ。というのも、社会的事実は個人意識を支配するのだから。ゆえに、社会的事実を物としての相で捉えるために、工夫を凝らしてこれを歪める必要はないのである。こうして見てみれば、社会学は心理学に比べてきわめて大きな利点をもっていることが分かる。この利点は、これまで気づかれてこなかったものだが、社会学の発展を加速するに違いない。確かに、社会的事実は心的事実より複雑であるために、これを解釈するのはより困難ではあろう。しかし、社会的事実は、より捉えやすいのだ。それに対して、心理学では、心的事実の練成（élaborer）のみならず、その把握さえなかなかうまくいかない。以上のことから、結論として、次のように信じることが許されよう。すなわち、社会学的方法のこの原理が万人に認められ、実践された暁《あかつき》には、社会学は現在の遅々とした進歩からは想像もできないほど急速に発展し、歴史的に先行した結果にすぎない心理学の先進性にさえ追いつくに違いない、と[10]。

二

とはいえ、われわれの先行者たる心理学者の経験が示すところによれば、定立されたばかりの真理が実践において現実のものとして確立されるためには、これに理論的な証明を与えたり、深く洞察したりするだけでは不十分である。人間の精神は、その自然な傾向としてあまりにも真理を見誤りやすいものなので、厳格な規律に従わないかぎり旧弊に陥ることは避けがたい。そこで、われわれはそのような規律の主要な規準を、前述の規準の系の形で以下に定式化してみようと思う。

1　第一の系、それはあらゆる予断を系統的に退けなければならない、というものである。この規準を特別に論証する必要はなかろう。これは、われわれが先に述べたすべてのことから帰結するのだから。その上、この規準はあらゆる科学的方法の根底なのだ。そもそも、デカルトの方法的懐疑にしてからが、この規準の適用にほかならない。デカルトが科学を基礎づける際、それまで受け入れてきたすべての観念を疑うことを自らに課したのは、科学的に練り上げられた概念だけを、すなわち彼が打ち立てた方法に従って構築された概念だけを用いようとしたためである。だから、それ以外の起源をもつ概念は、暫定的にせよ、すべて退けられねばならなかった。また、すでに見たとおり、ベーコンにおけるイドラの理論の意味も、これと異なるところはない。つまり、あれほど頻繁に対立させて語られてきたこれら二大学説は、この本質的な点において一致するのだ。よって、社会学者は、研究対象を規定する時であれ、証明の過程であれ、科学の埒外で科学とはまったく関わりのない要求《ニーズ》のために形成された概念を用いることを断固として自らに禁じなければならない。社会学者は、一般の人々の精神を支配しているあの偽りの明証性を脱して、長く慣れ親しんだがゆえにしばしば抗《あらが》いがたいものになっているそうした日常経験によるカテゴリーの軛《くびき》を、ここできっぱりと振り払わなければならない。時にはそうしたカテゴリーにどうしても頼らざるをえない場合があるとしても、少なくともそれにふさわしからぬ役割を学説の中で演じさせることのないよう、そうしたカテゴリーはほとんど無価値であることを自覚していなければならない。

このような解放が社会学ではとりわけ困難なのは、多くの場合、そこに感情が関わってくるためである。実際、われわれは政治的信念や宗教的信念、また道徳的慣行に対しては、物理的世界の諸物に対してとはまるで異なり、自分の熱情を込めてしまう。その結果、この感情的な熱さが、そうした信念や慣行に対するわれわれの理解や説明の仕方に波及するのだ。それらに対してわれわれが抱く観念は、まるでそれらの対象そのものであるかのようにわれわれの心を惹きつけ、抵抗を許さないほどの権威を帯びる。これに沿わない見解は、すべて敵として扱われる。例えば、ある命題が愛国心や個人の尊厳について人々が抱いている観念と矛盾するとしたら、どうだろうか。その場合には、いかなる証拠に基づいていようとも、この命題は否定されるのだ。人はそれを真であると認めることができず、頭から拒絶する。そして、この熱情は、自らを正当化するべく、もっともらしい理由を簡単に思いつくのだ。これらの観念は、科学的検討をあえて見過ごすことすら許さないほどの威信を帯びることさえある。そうした観念を、またその表現する現象を、冷たく無味乾燥な分析に委ねるという、ただそれだけのことでも、ある種の人々を憤慨させる。そのような気難し屋には、道徳を外部から外的実在として研究しようなどと企てる者は、誰であれ、人間共通の正常な感受性を欠いていると一般に見られている生体解剖者のごとく、道徳的感覚が欠如した人間に見える。そして、こうした感情は科学に従属すべきだと認めるどころか、そうした感情が向けられる諸物についての科学を構築するためにこそ、まさにそうした感情に訴えなければならないと信じているのだ。ある雄弁な宗教史家は書いている。「災いあれ、己の意識の奥底に、祖先の魂眠りたもう己の存在の不滅の最奥に、香のかおり時折立ちのぼる秘された聖域を、詩篇の一行を、子たる彼がその兄弟に続いて天に向けて放った、彼を古《いにしえ》の預言者たちとの霊交へとただちに連れ戻す、あの苦悩や勝利の叫びをもつことなく、神物に近づかんとする学者に災いあれ[11]」。

あらゆる神秘主義と同様、根本的には偽装した経験主義であり、いっさいの科学の否定者にほかならない、こうした神秘的教説に対しては、どんなに抗議してもしすぎることはないだろう。社会的な物を対象とする感情も、他の感情と由来を異にしているわけではないのだから、後者に比べて特に優位であるということはない。それらの感情もまた歴史的に形成されたものであり、混乱し、未組織の経験であるとはいえ、人間の経験の産物である。それは現実についての何かよく分からない超越的な予感から来たのではない。それは一定の方法に従った解釈を経ることなく、場当たり的に、無秩序に寄せ集められたあらゆる種類の印象と情念が合わさった結果なのだ。それは理性的な明晰さを超える明晰さなるものをもたらすどころか、確かに強力ではあるが、ひたすら混濁した諸状態から成っている。そのような感情に優位性を認めるということは、知的能力のうちの上位のものより下位のものに優位性を与えることを意味し、つまりは多少の差はあれ、修辞的な言葉遊びとして非難されるべきことである。そのようにして作られた科学は、悟性よりも感性によって考えることを好むような精神を、すなわち忍耐強く明晰な理性の分析よりも直接的で混乱した感覚の総合を好むような精神を満足させるにすぎない。感情は、科学の対象でこそあれ、科学的真理の判断基準ではないのだ。もっとも、その創成期において、この種の抵抗に遭遇せずに済んだ科学など存在しない。かつて、物理的世界の諸物についての感情が、それ自体、宗教的ないし道徳的な性格をもち、物理的諸科学の確立に少なからぬ力で抵抗した時代もあった。であるからこそ、科学から科学へと次々に駆逐されてきたこの偏見も、その最後の隠れ家である社会学自身からいずれは姿を消し、そのあとには科学者が自由に活動できる場が残るであろう、と信じることができるのだ。

2　しかるに、右の規準はまったく消極的なものである。それは社会学者に通俗的観念の支配から逃れて事実に注意を向けることを教えるが、しかし事実の客観的研究のためにそうした事実をどのように把握すべきかについては何も言っていない。

あらゆる科学的探究は、同一の定義に合致する特定の一現象群をその対象とする。したがって、社会学者が踏み出す第一歩は、何を対象に問うているのかが自他双方にはっきり分かるように、自分が取り扱う物を定義することでなければならない。これは、あらゆる証明とあらゆる検証にとって、第一の、絶対に欠くことのできない条件である。実際、ある理論の正しさは、説明すべき事実が認知されていなければ測りようがない。その上、科学の対象それ自体が、この最初の定義によってこそ構成されるのだから、定義の作られ方如何によって、ある物が対象になったりならなかったりするのである。

定義が客観的なものであるためには、当然のことながら、その定義が心の中の観念にではなく現象固有の属性に応じて現象を表現していなければならない。つまり、定義が現象を特徴づける時には、多かれ少なかれ空想的な観念と現象との一致によってではなく、その現象の本質を構成する不可欠の要素によって、これを行わなければならない。ところが、研究がまさにこれから始まろうという時には、事実はまだまったく吟味されていないのだから、事実の把握可能な特徴は直接目に見えるほど外部化されているものに限られる。より内奥に位置する特徴は、おそらくはより本質的なものであろうし、説明上、より高い価値をもつものであろうが、そうした特徴は、科学のこの段階では知られておらず、実在を何らかの精神の見解に置き換えでもしないかぎりは予想しえないはずのものである。それゆえ、この基本的な定義の素材は外部的な特徴の中に見出されねばならない。他方で、明らかにこの定義は、同じ外的特徴を一様に示すあらゆる現象を例外なく無差別に含むに相違ない。というのも、そうした現象を取捨選択する、いかなる理由も、いかなる手段もないのだから。つまり、このとき実在についてわれわれが知っているのはそうした特徴だけであり、したがって否応なくそれらの特徴が諸事実の分類の仕方を規定するに違いない。そして、われわれは先の判断基準の有効性を部分的にであれ失わせるような他のいかなる基準ももっていない。かくして、以下の規準が帰結する。すなわち、共通に見られる一定の外的特徴によってあらかじめ定義された一群の現象しか決して研究対象としてはならない、かつまた、この定義に合致する現象をすべて同じ研究の中に含まなければならない。例えば、ひとたびなされれば刑罰と名づけられるような独特の反作用が社会の側から惹起される、という外的特徴を示す行為が一定数存在することが確認されるが、われわれはこれらの行為を一種独特の一群としてまとめて、共通する一つの名称を与える。すなわち、処罰されるあらゆる行為を犯罪と呼び、そうして定義された犯罪なるものを、犯罪学という一特殊科学の対象とする。これと同様に、既知のあらゆる社会の内部には、それを構成する個人の大部分が互いに血縁関係にあり、かつ法的紐帯で相互に結びつけられている、という外的標識によって認知される部分社会の存在が観察される。われわれは、これに相当する諸々の事実を独特の一群としてまとめ、独特の一名称を与える。家族的生（vie domestique）の現象、と。そして、この種のあらゆる凝集を家族（famille）と呼び、こうして定義された家族を、社会学の用語法の中でまだ確定的な名称を与えられていない一特殊研究の対象とするのである。のちに家族一般から種々の家族類型へと研究が進む時にも、同じ規準が用いられるだろう。例えば、クランや母系制家族、家父長制家族の研究に取りかかる際には、それらをこの同じ方法に従って定義することから始められるだろう。要するに、それぞれの問題の対象はすべて、一般的なものであるか特殊なものであるかを問わず、同一の原理に従って構成されなければならないのである。

　このような手順を実行するなら、社会学者は、その第一歩から無媒介に実在の内に立脚することになる。実際、このような事実の分類の仕方は、社会学者自身から、すなわち彼の精神の個別的な傾向から独立しており、物の本性に基づいている。事実をこれこれのカテゴリーに整理せしめる標識は、万人に示され、万人によって認知されうるし、ある観察者の主張は他の観察者によって検証されうる。確かに、このようにして構築された概念は、通念(notion commune)とは必ずしも一致しない。ふつうは一致しない、とさえ言える。例えば、〔宗教的権威や伝統に縛られず、理性のみを基礎とする〕自由思想のふるまいや礼儀に反する行為は、多くの社会においてほとんど例外なく非常に厳しく罰せられているが、常識的には、言うまでもなく当の社会における犯罪とはみなされていない。また、同様にクランは、この語が通常理解される意味では家族ではない。だが、こうしたことは重要事ではないのだ。というのも、ここで問題になっているのは、単に日常語の用語とそれが指し示す観念がともにあてはまるような事実を十分確実に見出すことのできる手段を見つけ出すことではないのだから。ここで必要なこと、それは科学の要求《ニーズ》に適合し、特別な用語法で表現されるようなまったく新しい概念を一から構築することである。むろん、通俗的な概念が学者にとって無益だということではない。それは指針として役に立つ。つまり、そうした概念は、同じ一つの呼称の下にまとめられ、したがってきっと共通した性質をもっているに違いない諸現象の一総体がどこかに存在することを教えてくれる。さらに、通俗的概念も現象と何の関係も絶対にもたないというわけではないのだから、その現象がどの方向において研究されるべきかを、おおざっぱにではあるが示してくれる時もある。とはいえ、こうした概念は雑に形成されているため、まったく当然のことながら、その現象について科学的に確立された概念とは厳密には一致しない[12]。

この規準は、きわめて明白かつ重要であるにもかかわらず、社会学ではほとんど守られていない。それは、ほかでもない、社会学では家族、所有、犯罪などといったわれわれが常日頃話題にしているものが取り扱われているので、社会学者には、そうしたものにあらかじめ厳密な定義を与えることなど、ほとんどの場合、無用だと思われているためである。そうした語は会話の中に絶え間なく繰り返し現れ、われわれはこれらの語を用いることにあまりにも慣れてしまっているため、今さらどのような意味でその語を用いるかを厳密に定める必要などないように感じられるのである。かくして、ただただ通念に依拠することになる。ところが、通念とは、ほとんどの場合、曖昧なものだ。この曖昧さゆえに、実際には非常に異なるものが同じ名称の下に、また同じ説明の下にまとめられている。ここから、解きほぐしがたい混乱が生じる。例えば、一夫一婦的結合には二つの種類が存在する。一つは、事実上のものであり、もう一つは法的なものである。前者においては、夫は法的には複数の妻をもつことができるが、一人の妻しかもっていない。それに対して、後者においては、多妻は法的に禁じられている。事実上の一夫一婦婚は、いくつもの動物種といくつかの下級社会において、散発的にではなく、あたかも法によって課されたかのような一般性をもって認められる。小部族の成員が広大な範囲に散らばって暮らしているような時には、社会関係の網は非常に弛緩したものとなり、その結果、個人は互いに孤立して生活する。そうなると、各男子は自然にただ一人の妻を得ようと努めることになる。そのような孤立状態にあって複数の妻をもつことは困難だからである。これに対して、義務的な一夫一婦婚は、最も高度に発達した社会でしか観察されない。ゆえに、これら二種類の夫婦の結合がもつ意味は非常に異なるのだが、にもかかわらず両者を指し示すために同一の語が用いられているのである。例えば、そこに法的な義務に類するものなど何もないにもかかわらず、ある種の動物を指して一夫一婦婚であると日常的に言われているような次第だ。スペンサー氏の場合で言えば、婚姻の研究に取り組む際に、彼はこの一夫一婦婚という語を定義せず、日常の不明瞭な意味のまで用いている。その結果、彼の目には、婚姻の進化は理解不能な異常性を示すものとして映る。というのも、性的結合の高等形態〔一夫一婦制〕は、歴史の進展の最初期から認められるが、中間段階ではむしろ消え去り、その後再び出現する、そのような進化が観察される、とスペンサー氏は信じているのだ。そして、彼はそこから、家族生活の完成形に向かう漸進的な進歩と社会的進歩一般との間には一定の関係など存在しない、という結論を引き出した。もし適切な定義づけがなされていたら、このような誤りはあらかじめ避けることができたであろう[13]。

別の場合には、研究対象の定義にきちんと注意が払われながらも、同じ外的特徴をもつすべての現象をその定義の中に包含したり、同じ名称の下にまとめたりせず、そうした現象の中で選別を行ってしまうことがある。特定の現象だけを、そうした特徴をそなえる権利を有するものとして、一種のエリートとして選抜してしまうのだ。他の現象については、そうした弁別的な特徴をいわば簒奪したものとみなして考慮に入れないのである。しかし、このような方法では主観的で不完全な概念しか得られないことは、たやすく予見できよう。実際のところ、このような取捨選択は、先入見によるものでしかありえない。科学の出発点においては、そのような簒奪の実在性など、仮にそのようなものがありうるとしても、いまだいかなる研究によっても確立されていないのだから。そこで選ばれた現象は、他の何にもまして、この種の実在についてあらかじめ作っておいた理想的な観念に合致するかぎりにおいて、そしてそれゆえにこそ取り上げられたのだ。例えば、ガロファロ（Raffaele Garofalo）氏は、著書『犯罪学（*Criminologie*）』の冒頭で、この科学の出発点は「犯罪の社会学的概念[14]」でなければならないことを、いみじくも明言した。ただ、この概念を構成するために、彼はさまざまな社会類型の中で恒常的に刑罰によって抑制されてきたあらゆる行為を区別なく比較するのではなく、そのうちのあるものだけを、すなわち道徳的感覚の平均的で不変的な部分を傷つけるような行為だけを比較している。進化の結果、消滅した道徳的感情については、彼にしてみれば、そうしたものは結局、維持されえなかったものなのだから、物の本性（nature des choses）の内に基礎づけられているものではない、とみなされる。ゆえに、そうした道徳的感情を侵したために犯罪とされていた行為は、偶発的で、多かれ少なかれ病理的な状況の下でのみ犯罪と呼ばれるに値する、と考えられているのだ。しかし、ガロファロ氏によるこのような取捨選択は、道徳性に関するまったく個人的な見解に基づいている。実際、彼が出発点とする観念は、次のようなものである。すなわち、道徳の進化は、始原またはそれに近い時期にはあらゆる種類の夾雑物や不純物を含んでいたが、やがてそれらは次第に取り除かれていき、今日ついに進化の歩みを当初妨げていた付随的要素のすべてが除去されるに至った、と。だが、このような原理は、自明の公理でもなければ、証明済みの真理でもない。それは単なる仮説にすぎず、何ものにも根拠づけられていない。実際には、道徳的感覚の可変的部分といえども、その不変的部分に劣らず物の本性の内に基礎づけられているのであって、前者が経る変化は、単に物それ自体が変化したことを証しているにすぎない。動物学では、下等な種に特異的な形態も、動物進化の系統図のあらゆる段階に繰り返し現れる形態に劣らず、自然なもの、本性に属するものとみなされている。これと同様に、未開社会では犯罪として非難されていたが、のちに犯罪とはみなされなくなったような行為も、今日なお取り締まりの対象であり続けている行為とまったく同じように、当の未開社会との関係においては真の犯罪なのだ。前者が社会的生の変化しやすい条件に対応しているのに対して、後者は恒常的な条件に対応している、という違いはあるものの、両者とも不自然なものではない。

それればかりではない。ある行為が犯罪学的特徴を帯びていると誤ってみなされている場合でも、そうした行為を他の行為から根本的に切り離してしまうべきではないだろう。というのも、ある現象の病理的な形態は、その正常な形態と本性を異にするものではなく、ゆえにこの本性を確定するためには、両形態をともに観察する必要があるからだ。病いは健康の対立物ではない。両者は同じ属（genre）の中の二つの変種（variété）であり、互いに照らし合うものである。これは生物学においても、心理学においても、すでに長く認められ、実践されてきた規準であり、社会学者もこれらに劣らぬ尊重を義務づけられるものであろう。同じ一つの現象が、ある時にはある原因に、またある時には別の原因に帰せられうるということが認められないかぎり、つまりは因果律が否定されないかぎり、ある行為に異常な形であろうと犯罪の明白な標識を刻み込む原因が、正常な形で同じ結果を生む原因とは種を異にすることなどありえまい。両者は、単に程度の差によって、あるいは同一の状況の下では作用しないがゆえに区別されるにすぎないのだ。それゆえ、異常な犯罪もやはり犯罪であり、したがって犯罪の定義の中に入れなければならない。すると、どうなるか。ガロファロ氏が種または単なる変種でしかないものを属と取り違えていることが分かるのだ。彼の犯罪性の定義が適用される事実は、本来含まれるべき事実のうちのごくごくわずかなものでしかない。というのも、今日われわれがもっている近代的な法典から消え去ってはいるが、かつての社会では逆に刑法のほぼすべてを満たしていた宗教上の犯罪や、礼儀、儀礼、伝統などに対する犯罪は、彼の定義にはあてはまらないからである。

ある種の観察者たちが、未開人にはあらゆる種類の道徳性が欠けているとみなしたのも、これと同じ方法上の誤りによるものである[15]。彼らは、現代のわれわれの道徳こそが唯一の道徳である、という観念から出発する。そのように観念された道徳が未開民族においては知られていない、あるいは未発達な状態でしか存在しないことは自明であろう。だが、この定義は恣意的なものである。そこで、われわれの規準を適用してみよう。すると、すべてが変わる。ある一つの掟が道徳的なものであるか否かを判断するには、その掟が道徳性の外的標識を示しているか否かを検討しなければならない。この標識は、広く行きわたった抑止的な制裁、つまりその掟に対するあらゆる違反に対して報復を加える世論の非難から成るものである。このような特徴を示す事実を目の当たりにした時は常に、われわれはこれを道徳的と呼ぶほかない。というのも、それはその事実が他の道徳的事実と同じ性質のものである証拠なのだから。実際のところ、この種の規範は単に下級社会に見られるだけではない。そこでは、文明化された社会よりも数多く認められている。つまり、今日では個人の自由な判断に任されている多数の行為が、下級社会では義務として課されているのだ。このように、定義を怠ったり不適切に定義したりすればどのような誤りがもたらされるか、これで分かるというものである。

だが、次のような疑問が生じるだろう。外部に現れている特徴によって現象を定義することは、根本的な属性を差し置いて、表層的な属性に一種の優越性を与えてしまうことになりはしないだろうか、と。また、それでは論理的な順序がまったく逆になってしまい、物をその根底によってではなく頂点によって根拠づけることになりはしないだろうか、と。かくして、例えば犯罪を刑罰という外的特徴によって定義しようとすると、刑罰から犯罪を引き出そうと目論んでいるとか、よく知られた表現で言えば、恥辱の源泉を贖罪行為にではなく、死刑台の内に見出そうとしているといった非難に、ほとんど不可避的にさらされることになる。しかし、こうした非難は一つの混同に基づいている。今しがたわれわれが規準を与えた定義は科学の出発点に位置するものなのだから、その目的が実在の本質を表現することであるということはありえない。それはただ、最終的に本質に到達しうるような準備状態をなすためのものにすぎない。その唯一の機能は、われわれを物と接触させることであり、精神は物に外部からしか達しえないがゆえに、定義が物を表現するのはあくまでも物の外面からである。しかし、だからといって定義が物を説明するわけではない。単に説明に必要な最初の足場を提供するにすぎない。なるほど、刑罰が犯罪を引き起こすわけではない。だが、犯罪というものが外的にわれわれに対して現れてくるのは刑罰によってであり、したがって犯罪の理解に到達しようと望むのなら、出発点にしなければならないのは、やはり刑罰なのである。

仮にそうした特徴が外部的であると同時に偶発的なものでもあったとしたら、すなわちそうした特徴が根本的な属性に結びついていなかったとしたら、右のような反論にも根拠がないとは言えなかっただろう。実際、そのような条件の下では、科学はそうした特徴を指摘したあと、さらに先に進むいかなる手段ももちえない。表層と根底の間に何の関係もないという以上、科学は実在のさらなる深みへと降りていくことはできないのだから。しかし、因果律というものが空語でないかぎり、明確に規定された特徴が一定の次元のあらゆる現象において、一様に、いかなる例外もなく認められる場合には、その特徴は現象の本質と緊密に結びついており、不可分の連関をもっている、と確信することができる。だから、所与の一群の行為が刑罰的制裁につながるという特性を等しく示しているのなら、それは、それらの行為を構成するのに不可欠な属性と刑罰との間に緊密な紐帯が存在するということなのだ。したがって、そうした属性は、たとえ表面的なものだったとしても、一定の方法に従って観察されさえすれば、物の根底にいっそう分け入るために科学者が従わなければならない道程をはっきりと示してくれる。つまり、そうした属性は、説明の過程で科学がのちに展開していく連鎖の最初にして不可欠の環なのだ。

物の外的な特徴がわれわれに与えられるのは感覚を通してであるから、要約すれば、次のように言えよう。すなわち、科学は、客観的であるためには、感覚を経ずに作られた概念ではなく、感覚から作られた概念から出発しなければならない。科学は、その出発点における定義を構成する諸要素を可感的な与件から直接、借りなければならないのである。実際、科学がこれ以外の方法などとりえないことを理解するには、科学という作業がどんなものであるか、思い浮かべてみればよい。科学は、諸物を適切に表現する概念を必要とする。だが、この適切な概念とは、そのように物を理解すれば実践に役立つという具合にではなく、その物をあるがままに表現する概念のことである。ところが、科学の活動の埒外で構築された概念は、この条件を満たさない。だから、科学は概念を新たに作り上げなければならないが、そのためには、通念およびそれを表現する語を退けて、あらゆる概念の第一の不可欠な素材、すなわち感覚に立ち戻らなければならない。正しい観念であれ誤った観念であれ、また科学的な観念であれ非科学的な観念であれ、いっさいの一般的観念が導き出されるのは、あくまで感覚からなのだ。とすれば、科学、すなわち思索的認識の出発点は、通俗的あるいは実践的な認識の出発点と別ものではない、とは言えるだろう。ただ、そこから先で、この共通の素材が練成される仕方において、両者の相違が始まるのだ。

3　とはいえ、感覚は主観的なものになりやすい。それゆえ、自然諸科学では、観察者にとってあまりに個人的なものになる恐れのある可感的与件は退け、十分な客観性を示している可感的与件だけを採用するのを慣例としている。だから、物理学者は、温度や電気によってもたらされる漠然とした印象を、温度計や電圧計に示される変動という可視的な表象に置き換える。社会学者も、これと同じ慎重さをもたなければならない。彼が研究対象を定義する際に依拠する外的特徴は、できうるかぎり客観的なものでなければならないのだ。

社会的事実は、これを表現する個人的事実からより完全に離れれば離れるほど、それだけ客観的に表象されうる、ということは原則とみなしてよかろう。

実際、ある感覚は、それが結びついている対象が固定性をもっていればいるほど、それだけ客観的である。というのも、およそ客観性というものの条件は、常に一定で変化しない指標が存在すること、そしてこの指標によって、表象を結びつけることはできるものの変わりやすく、それゆえ主観的であるもののいっさいが除去可能になること、これだからである。もし与えられる指標がそれ自体変わりやすいものだけで、絶えず自発的に変化し続けるようなものばかりだったなら、共通の尺度などいっさい存在しないことになり、われわれの抱く印象のうち、われわれの外部に依存する部分と内部に由来する部分を区別する手段もいっさい存在しないことになる。ところが、社会的生とは、これを具現化する個々の出来事から分離され、それらとは別のものとして構築されるに至らないかぎり、まさしくこのような属性を帯びている。というのも、そうした出来事は、そのつどそのつど一瞬ごとに様相を変化させるものであり、また、これと社会的生は不可分であるため、その流動性は社会的生に伝えられるからである。このとき、社会的生は絶えざる変容の過程にある自由な潮流から成っているので、観察者の視線はそれをしかと見据えることができない。ゆえに、科学者はこの側面から社会的実在の研究に取りかかることはできない。しかし、周知のとおり、社会的実在には、同一性を維持しつつ自ら結晶化することができる、という例の特性がある。例えば、集合的な慣習は、それが呼び起こす個々人の行為以外にも、法規則、道徳規範、世間で語り継がれる諺《ことわざ》、社会構造をなす諸々の事実といった確定的な形態でも表現される。こうした形態は永続的な様式で存在するものであり、さまざまに適用されても変化しないものであるから、固定的な対象、すなわち常に観察者の射程内にあって主観的な印象や個人的な所見に入り込む隙を与えない確固とした原器となる。一つの法規則はあくまでも一つの法規則であって、それ以外の何かとして捉える別の様式など存在しない。他方、これらの慣行は社会的生が固定化されたものに違いないのだから、これに反する徴候がないかぎり[16]、これらを通じて社会的生を研究するのは正当なことなのである。

　したがって、社会学者は、いかなる種類のものであれ社会的事実の探究を企てる時には、その個人的な表現から独立したものとして現れてくる側面から考察するように努めなければならない。われわれが以前、社会的連帯について、そのさまざまな形態と進化を法規則の体系を通じて研究を行ったのは、まさにこの原則に基づいてのことである。[17] 逆に、旅行者の、また時には歴史家の文学的な記述に依拠して、さまざまな家族の類型を識別し、分類しようとすれば、まったく異質な諸種を混同したり、これ以上ないほどかけ離れた類型を近縁のものと誤認したり、といった危険を冒すことになる。そうではなく、家族の法的構造を、中でもとりわけ相続法をこの分類の基礎にすれば、無謬とまでは言えなくとも、多くの誤謬を未然に防ぎうる客観的な基準が得られよう。[18] 犯罪のさまざまな種類を分類したい時はどうか。その場合、種々の犯罪世界で実践されている生活様式や職業上の習慣を再構成するよう努めることで、その種々の組織形態と同数の犯罪学的類型を認めることになるだろう。また、習俗や民間信仰を捉えるためには、それを表現している格言や諺を参照することになるだろう。確かに、このような方法では、集合的生の具体的な資料が一時的にであれ科学の外部に取り残される。しかも、そうした資料がどれほど変わりやすいものだとしても、だからといって、もともと理解不能なものなのだ、とアプリオリに決めつける権利は誰にもない。しかし、そうだとしても、系統立った方法に従おうと欲するのなら、科学の最初の土台は、脆弱な砂上にではなく、堅固な地盤の上に据えなければならない。科学的探究に最良の足場を提供してくれる側面から社会的領域に接近しなければならないのだ。そうしてこそ初めて研究をさらに先に推し進めることが可能になり、漸進的接近という地道な作業を通じて、人間精神が決して、いや、おそらく完全には把握しえないであろう、この捉えがたい社会的現実に少しずつ迫っていくことが可能になるであろう。

原注

(1) F・ベーコン『ノヴム・オルガヌム(*Novum organum*)』I、二六頁。
(2) 同書、I、一七頁。
(3) 同書、I、三六頁。
(4) スペンサー『社会学原理(*Principes de sociologie*)』(仏訳版)、III、三三一―三三二頁。
(5) 同書、III、三三二頁。
(6) しかも、この構想には異論がある(『社会分業論』第二編第二章四を参照せよ)。
(7) 「それゆえに、社会なくして協働は存在できないであろう。と同時に、協働は、そのために社会が存在している目的でもある」(『社会学原理』III、三三二頁)。
(8) 『論理学大系』III、四九六頁。
(9) この特徴は、経済学者たちが用いている表現自体から明らかである。彼らが絶えず語っているものは、観念、例えば効用、貯蓄、投資、費用といった観念である(C・ジッド(Gide)『経済学原理(*Principes d'économie politique*)』第III冊、第I章第一節、第II章第一節、第III章第一節を参照せよ)。
(10) 社会的事実の複雑性の大きさが社会学をいっそう容易ならざるものにしているのは確かである。しかし、社会学は諸科学の中で最後に登場した科学であるだけに、この困難さの埋め合わせとして、下位の諸科学によってすでに実現されている進歩を利用したり、それらの科学に尋ねたりすることのできる立場にある。そうした既存の経験を利用することによって、社会学の発展は否応なく加速されるのである。
(11) J・ダルメステテール(Darmesteter)『イスラエルの預言者たち(*Les prophètes d'Israël*)』九頁。
(12) 実践においては、われわれの出発点は常に通俗的概念や通俗語である。すなわち、そうした語が雑然とした形で内包している諸物の中に、共通した外的特徴を示すものが存在するか否かを調べるのである。

もしそのようなものが存在し、かつ、そうして関係づけられた諸事実の集合から形成された概念が、完全にではないにせよ（そうしたことは稀である）、少なくとも大部分において通俗的概念と一致するなら、科学的に形成された概念を通俗的概念と同じ語で指示し続け、日常語の中で使われる表現を科学の中に残しておくこともできよう。しかし、両者のずれがあまりに大きかったり、区別されるべき複数の観念が通念の中で混在していたりする時には、新しい特別な術語を作り上げることがどうしても必要である。

(13) 歴史のはじめと終わりに民主主義が等しく認められる、としばしば言われるのも、この同じ定義の欠如によるものである。実際には、原始民主主義と今日のそれとは著しく異なる別ものである。

(14) 『犯罪学』二頁。

(15) J・ラボック（Lubbock）『文明の起源（*Les origines de la civilisation*）』第Ⅷ章を参照のこと。なお、さらに世間一般では、古代の宗教は無道徳的あるいは非道徳的だと言われるが、これも同じく誤りである。それらはそれら独自の道徳をもっている、というのが正しい。

(16) この置き換えが正当なものでなくなるには、例えば所与の一時点において法が社会諸関係の真の状態をもはや表していない、と信じるに足る理由が必要であろう。

(17) 『社会分業論』第一編第一章を参照せよ。

(18) 拙稿「家族社会学序説（Introduction à la Sociologie de la famille）」、『ボルドー大学文学部年報（*Annales de la Faculté des lettres de Bordeaux*）』（一八八九年）所収を参照せよ。

第三章　正常なものと病理的なものの区別に関する規準

しかるに、これまで述べてきた規準に従って行われる観察では、ある面においてきわめて異なる二種類の事実が区別されていない。すなわち、およそそうであるべき事実とそうであってはならない事実、つまり正常な現象と病理的な現象である。すでに見たとおり、すべての研究が出発点とすべき定義の中には両者がともに含まれている必要があるが、しかし両者はある点で同じ性質をもっているとしても、二つの異なる変種をなしていないわけではないのだから、やはり両者を区別する必要がある。では、科学はこの区別を可能にする手段を有しているだろうか。

この問題は、この上なく重要である。なぜなら、この問題に与えられる解答如何によって、科学、とりわけ人間科学が果たすべき役割についての考え方が左右されるからだ。相異なる非常に多くの学派に信奉者をもつある理論では、科学はわれわれが何を欲すべきかについては何も教えてくれないとされている。信奉者は言う。科学が認識するものはすべて同一の価値や同一の利益であるような事実だけであり、科学はそうした事実を観察し、説明はするが、評価はしない。ゆえに、科学にとっては非難されるべきものなどいっさい存在しない。要するに、科学の観点からすれば善悪は存在しないのだ、と。また言う。確かに、科学はいかにして原因から結果が生み出されるのかを言うことができよう。しかし、だからといって、いかなる目的が追求されるべきかを言うことはできない。今現に存在するものではなく、存在することが望ましいものを知るためには、感情、本能、生の衝動など、いかなる名前で呼ばれようと、ともかく無意識的な何ものかの示唆に頼らなければならない、と。すでに引いた著者の一人は、次のように述べている。確かに科学は世界を照らすことができるが、人の心の内に闇を残す。心の内に光をともすのは、心それ自身である、と。だが、このように解してしまえば、科学は実践的な有効性のすべて、ないしほぼすべてを剝奪され、その結果、大した存在理由をもたないものになってしまう。というのも、もし現実についてわれわれが得る認識が生きることとの役に立ちえないのであれば、現実を認識しようと努めることにいったい何の意味があるだろうか。ここで、次のような反論があるかもしれない。すなわち、科学は現象の原因を解き明かしてみせることで、思うがままにその現象を生み出す手段を提供し、したがってまた科学を超える理由（raisons supra-scientifiques）のためにわれわれの意志が追求する目的を実現する手段を提供してくれるのではないか、と。しかし、ある面から見れば、すべての手段は、それ自体、目的なのだ。というのも、手段を用いるためには、その手段によって実現されるはずの目的とまったく同様に、手段そのものも求められなければならないからである。つまり、ある一つの目的に通じる道は常に複数存在し、ゆえにそれらの道のいずれかを選択しなければならない、ということだ。だが、もし科学が最良の目的を選択する役に立ちえないのなら、この目的に到達する最良の道を、どうしてわれわれに教えられようか。最も経済的な道よりもむしろ最も迅速な道を、最も単純な道よりもむしろ最も確実な道を、あるいはその逆を、科学がどうしてわれわれに勧められようか。もし科学が至高の目的の決定に際してわれわれを導くことができないのであれば、一般に手段と呼ばれている二次的で従属的な目的の場合にも同様に無力であろう。

観念論的方法は、なるほど確かにこのような神秘主義を免れうる。というよりも、神秘主義から逃れようとする願望こそが、部分的にであれ、この方法の根強さを生み出しているのだ。実際、この方法の実践者たちは非常に合理主義的であったため、人間の行為が反省によって導かれる必要はない、という考えには同意しなかった。だが、それでいながら、いっさいの主観的与件から独立に、それ自体として捉えられた現象の内に、その実践的な価値に従って現象を分類することを可能たらしめる何ものをも見出すことはなかった。そのため、現象を評価するためには、現象をそれがあてはまる何らかの〔先行〕概念に結びつけることが唯一の手段だと考えられたのだ。以来、事実から引き出された観念の代わりに、諸事実の照合を司る観念を用いることが、およそ合理的な社会学において不可欠なことになってしまった。しかし、このような条件の下で仮に実践が反省されたとしても、そのような反省は科学的なものでないことは今さら言うまでもなかろう。

さて、たった今われわれが行った問題提起によって、観念論に再び陥ることなく理性の権利を要求することが可能になっていく。実際、個人と同じく社会にとっても、健康とはよきもの、望ましきものであり、反対に病いとは悪しきもの、避けられるべきものである。したがって、もし事実そのものに内在的で、さまざまな種類の社会現象に対して健康と病いを科学的に区別することを可能にするような客観的基準が見つかれば、科学はその固有の方法にまったく忠実でありつつ、実践を照らすことができよう。もちろん、今のところ科学は個人に到達するところまで至っていないので、科学が提供しうるものは、感覚によって直接に各個人と接触する以外には適切に個別具体化されえないような一般的な示唆に限られる。このような科学が定義しうる健康という状態は、いかなる個人的主体にも厳密にはあてはまらないだろう。というのも、健康なる状態は、あらゆる人間が多かれ少なかれそこからはみ出すような、最も一般的な状況との関連によってしか定められないからである。しかし、だとしても、やはりそれは行為を方向づけるための貴重な目安なのだ。あとで個々人それぞれの場合に適合するように調整しなければならないからといって、健康な状態を知ることに何の益もないということにはならない。まったく反対に、それはあらゆる実践的推論の基礎とされるべき規範なのだ。そうであれば、もはや思考は行動の役に立たない、などと言う権利は誰にもない。科学と技術の間にはもはや深淵は存在せず、一方から他方へと切れ目なく行き来することができる。確かに科学は技術を介してしか事実の中に降りていくことはできないが、技術とは科学の延長物にほかならないのだ。さらに言えば、次のように自問することさえできよう。すなわち、科学が打ち立てる法則が、次第に、より完全に個人的現実を表現するようになるに従って、実践面での科学のこの不十分さは減じていくに違いないのではなかろうか、と。

一

巷では、苦痛は病いの指標だとみなされている。確かに、一般的には、これら二つの事実の間には一定の関係が存在する。だが、この関係には恒常性と厳密性が欠けている。実際、深刻であるにもかかわらず痛みをともなわない病的状態があるかと思えば、眼に石炭の粉が入った場合のように、とりたてて深刻でもないのに大変な苦痛をもたらすようなトラブルもある。場合によっては、苦痛がないこと、あるいはむしろ快感があることが病気の徴候ということすらある。また、それ自体が病的な、ある種の無感覚さというものもある。健康な人間なら苦痛を感じる状況でノイローゼの患者が心地よさを感じることがあるが、この心地よさが病的な性質のものであることに異論の余地はなかろう。これとは逆に、苦痛は、例えば飢餓、疲労、分娩のように、純粋に生理的な現象の多くの状態にともなうものである。

では、健康とは、生命力の好ましい展開であり、環境に対する有機体の完全な適応として認知される、と言ってよいだろうか。また反対に、この適応を妨げるいっさいのものを病いと呼んでよいだろうか。だが、そもそも――この点はのちに立ち戻って論じるつもりだが――有機体のそれぞれの状態が外界の何らかの状態に対応しているなどということは、いっさい証明されていない。その上、仮に本当にこの基準によって健康な状態というものが認知されうるとしても、それだけでは不十分であり、もう一つ別の基準が必要となるだろう。というのも、いずれにせよ、ある適応形態が他のそれよりも完全であると、いかなる原理から決めることができるかを示さなければならないからである。

その原理とは生存可能性に与える影響の仕方だと言えるだろうか。確かに、健康とはこの可能性を最大化するような有機体の状態であり、逆に病いとはこの可能性を減少させる効果をもつものすべてである。実際、一般的に言えば、病いが現実に有機体の衰弱を結果することに疑いの余地はない。ただ、この結果を生み出すものは病いだけではない。例えば、生殖機能は、若干の下等な生物種においては必然的に死をもたらすし、より高等な生物種においてさえ種々の危険を生み出す。にもかかわらず、生殖機能は正常なものである。老年と幼年も、これと同じ効果をもっている。なぜなら、老人と子どもは、それだけ死の原因に襲われやすいからである。とすれば、彼らは病人だろうか。壮年以外の健康のあり方は認めてはならないのだろうか。だが、そうなると、健康と生理学の領域は奇妙に狭められたものになってしまう！　さらに言えば、もし老年がそれ自体ですでに病気なのだとしたら、健康な老人と病気の老人をどのように区別したらよいのだろうか。同じ観点からすれば、月経も病的現象に分類しなければならなくなるだろう。なぜなら、月経がもたらすトラブルによって、女性は病気にかかりやすくなるからである。だが、その欠如や早すぎる消失が異論の余地なく病理的現象であるような状態を、どうして病的と規定できようか。この問題について、一般的には、健康な有機体においては各々の細部がいわば果たすべき有用な役割をもっているかのように想定されている。つまり、それぞれの内的状態は何らかの外的条件に厳密に対応し、生の安定を確保して死の可能性を減ずることにそれぞれなりに貢献している、と推定されている。しかし、逆に次のように想定するほうが、むしろ正当なのだ。すなわち、ある種の解剖学的あるいは機能的な仕組みは、直接には何の役にも立たないが、単に生の一般的条件が与えられているがゆえに存在し、また存在しないわけにはいかないのだ、と。だが、だからといって、それを病的なものと決めつけるわけにはいくまい。なぜなら、病いとは何よりもまず避けることのできる何ものかであって、生物の正規の構造の中には含まれていないものだからである。ただ、このような仕組みが有機体を強めるのではなく、むしろその抵抗力を弱め、結果として死の危険を増大させるということはありえなくはなかろう。

他方、人々が病いをそれと関連づけて定義しようとしたもの、すなわち生存可能性の減少が病いによって常にもたらされるかどうかは確かではない。実際、あまりにも軽微なために、有機体の生命基盤に著しい影響を及ぼすことなどありえないような多数の疾患が存在していないだろうか。最も重い疾患でさえ、しかるべき武器を用いてこれと戦うことができれば、結果として何ら悪影響を及ぼさないものがある。例えば、よく節制に努める胃病患者は、健康な者とまったく変わらず長生きすることができる。むろん、彼はさまざまな配慮を強いられる。だが、そうした配慮を強いられるのはわれわれ皆同じであって、およそそうした配慮なくしては生命を維持すること自体できないのではなかろうか。われわれは各々自分なりの健康維持の方法をもっている。そして、病人の方法は同じ時代に同じ場所で平均的な人々が行っている方法とは確かに異なる。しかし、この観点から見た場合、病人と平均的な人々の間に存在する違いは、ただそれだけである。われわれは病気だからといって、必ずしも手の施しようのない不適応状態の中に打ち捨てられるわけではない。病いはただ、仲間の大部分とは異なる形の適応を強いるにすぎないのだ。さらに、最終的には有益と分かるような病いなど存在しない、と誰が言えようか。事実、ワクチンによって自らに植えつける天然痘は、自分の意志で自らに与える正真正銘の病気だが、生存可能性を増大させてくれる。病いがもたらす免疫に比べれば、その病いが引き起こすトラブルなど取るに足らない、というケースは、おそらく他にも数多く存在するであろう。

最後の、そして特に重要な点として、この基準はほとんどの場合に適用不能であることが挙げられる。なるほど、確かに諸個人から成るある特定の集団において、これまで知られている最低の死亡率が認められる、ということは厳密に立証することができる。だが、それよりさらに低い死亡率が存在しえない、と証明することはできない。死亡率をさらに低下させるような別の状況はありえない、などと誰が言えるだろうか。ゆえに、この事実上の最小値は、完全な適応の証拠ではなく、したがってまた、先に示した定義によるなら、健康状態の確実な指標でもない。その上、そのような性質をもつ集団に特有の、そしてその優越性の原因と推定される有機的構造を観察しうるためには、そのような集団を他のあらゆる集団から分離し、設定することが必要だが、これは実際にはきわめて困難な作業なのだ。また逆に、通常最後には死に至る病いの場合、生物がこれに打ち勝ち、生き延びる蓋然性は明らかに小さくなるが、とはいっても、その病いが死を直接もたらすものでない場合には、この蓋然性の減少を証明することは甚《はなは》だしく困難である。実際、特定の条件の下に置かれている生物の生存可能性が他の生物のそれよりも小さくなるということを証明する客観的な方法は一つしかない。それは、前者の大部分が事実として後者より短命であることを明らかにすることである。ところが、この証明方法は、純然たる個人的な病いの場合には通常可能であるとしても、社会学ではまったく実行不可能なのだ。なぜなら、われわれ社会学者は、生物学者が用いることのできる指標、すなわち平均死亡率の数値を持ち合わせていないからである。われわれは、ある社会がどの時点で誕生し、どの時点で死滅するのか、近似的な正確さですら、特定することができない。生物学においてもいまだ解明されたというには程遠いこうした問題すべては、社会学者にとっては、なおいっそう神秘のヴェールに包まれたままである。その上、社会生活の過程で生じ、同じ型のすべての社会でほぼ同じく反復される諸々の出来事には、あまりにも多様なものが含まれているため、そうした出来事の中の一つが、どの程度その社会の最終的な死滅を早めるのに与《あずか》ったかを見定めることなど、およそ不可能である。個々人を対象とする場合であれば、個体数が非常に多いため、そこからただ一つの同じ異常だけを共通してもつような個人を選び出し、比較することができる。そうすれば、この異常があらゆる付随的現象から分離して取り出され、したがって有機体に対するその影響の性質を研究することが可能になる。例えば、無作為に取り上げられた一〇〇〇人ほどのリウマチ患者が平均をはるかに上回る死亡率を示していれば、この結果をリウマチという病的状態に結びつける十分な理由があると言えよう。ところが、社会学では、各社会種には少数の個体しか含まれていないため、比較の幅は非常に限られたものにならざるをえず、この種の分類をしてみても論証の役には立たないのである。

さて、こうして事実に基づく証明を欠くために、可能なものとしてはもはや演繹的推論しかないわけだが、この種の推論から得られる結論は、単なる主観的な憶測以上の価値をもちうるものではない。例えば、一般に人は、ある出来事が社会有機体を実際に弱体化させることを証明するのではなく、そのような弱体化の効果をもつはずだということを証明しようとする。そのために、ある出来事が社会にとって望ましくないと判断されるさまざまな帰結を必然的に引き起こすことを示し、これを理由として、その出来事は病的なものである、と主張するのだ。しかし、たとえそのような帰結が実際に生じると仮定してみたところで、見逃された利点によって不都合が埋め合わされたり、利点が不都合を上回ったりすることさえありうる。それだけではない。その帰結を有害なものとみなしうるのは、ただそれが諸機能の正常な働きを乱すという理由によってのみであるが、このような証明は、問題がすでに解決されていることを前もって暗黙のうちに想定してしまっている。というのも、正常な状態とはいかなるものかがあらかじめ規定されていなければ、したがってまた、いかなる標識によってその正常な状態を認知しうるのかをすでに知っていなければ、およそそのような証明は不可能だからである。正常な状態を一から十までアプリオリに構成しようというのだろうか。そのような構成作業がもちうる価値など、言わずもがなだ。まさにここに、歴史学と同様、社会学においても、同じ出来事が学者の個人的な感情によって有益なものとみなされたり災厄だとみなされたりする理由がある。だから、宗教的信仰が全般的に揺らいでいる環境にあってなお生き延びている信仰の名残りを、信仰をもたない懐疑的な理論家が病的現象とみなす一方で、信心深い者から見れば不信仰そのものが現代の最大の社会的病弊である、といった事態が絶えず生じている。同様にして、社会主義者にとっては今日実際に見られる経済組織は社会的奇形学に属する事実であるのに対して、正統派経済学者にとっては社会主義的傾向こそがこの上もなく病理的なものなのだ。結局のところ、以上のように、各人それぞれがよくできていると判断した机上の空論を自らの見解の根拠にしているのである。

以上見てきた諸々の定義に共通する欠陥は、あまりに早計に現象の本質に到達しようとしている点にある。そのために、それらの定義では、科学が十分に進歩したあとでなければ真偽を証明できないような命題が、すでに証明済みであるかのように想定されている。だが、こうした場合こそ、先ほど定立した規準に従うべき時なのだ。正常または異常な状態と生命力（forces vitales）との関係を一挙に決定しようと望むのではなく、この二種類の事実の一方を他方から識別させてくれる、直接知覚可能な、しかも客観的な何らかの外的標識を、ただただ探究しようではないか。

およそあらゆる社会学的現象は、あらゆる生物学的現象と同様、状況に応じて、その本質をいささかも変じないまま多様な形態をとることができるものである。そして、こうした多様な形態は、二種類に大別することができる。一つは、種の全体に一般的な形態である。それは、あらゆる個体に、とまでは言えなくとも、少なくとも大部分の個体に見出され、観察されるすべての事例でまったく同じものが繰り返されるわけではなく、主体に応じて変化するとしても、その変化の幅が非常に限られた範囲にとどまるような形態である。これに対して、今一つの形態は、例外的なものである。それは、少数の内にしか生じないというだけでなく、それが生じるケースであっても、個体の一生を通して持続することはめったにない。つまり、その現象は時間的にも空間的にも例外をなしているのである(1)。かくして、われわれの眼前には、別々の用語によって指示されるべき、明確に区別される二変種の現象があるわけだ。そこで、最も一般的な形態を示している事実のほうを正常と呼び、もう片方の事実に病的ないし病理的という語を与えよう。もし仮に、その種の中で最も頻繁に見られる形態で最も頻繁に現れる特徴を、同じ一つの全体として、つまり仮想的な個体のようなものとしてまとめ上げて構成したような、あまりに単純に図式化された存在を平均的類型と名づけることを認めるなら、正常な類型と平均的類型は区別されえず、この健康の原器から隔たっているものをすべて病的現象と呼ぶことができよう。なるほど、確かにこのような平均的類型は個体の類型ほど明確には規定されえないだろう。というのも、それを構成する属性は、絶対的に固定されているのではなく、変化しうるものだからである。しかし、平均的類型が構成されうるということに疑問の余地はなかろう。なぜなら、それは科学の直接的な素材たりうるもの、すなわち属の類型（type générique）に一致するからである。生理学者が研究する

能なのである。

のは平均的な有機体の機能であるが、社会学者にあっても、これと異なることはない。要するに、ひとたび個々の社会種を識別することができれば――この問題はのちに取り扱う――、ある特定の種の中で最も一般的な形態がどのようなものであるかを知ることは常に可能なのである。

かくして、ある一つの事実は所与の種との関係においてしか病理的と評価されえないことが分かる。健康と病気の条件は、抽象的には（*in abstracto*）、また絶対的な形では規定されえないのだ。この規準は、生物学においては反論の余地がない。軟体動物にとって正常なことが脊椎動物にとっても同様に正常であるなどとは、絶対に誰も思いもしないからである。それぞれの種にはその種に固有の平均的類型があり、ゆえにその種に固有の健康というものがある。そして、最も下等な種における健康は、だからといって最も高等な種のそれに比べて劣っているわけではない。これと同じ原理は、通常見過ごされているが、実は社会学にもあてはまる。一つの制度、一つの慣行、一つの道徳格率といったものを、あたかもそれ自体において、それ自体によって、あらゆる社会類型に対して区別なく善または悪であるかのように決めつける、といういまだにあまりにも広く見られるあの習慣を断ち切らねばならないのだ。

健康な状態か病的な状態かを判断する指標は種によって変わるのだから、ただ一つの同じ種においても、それが何らかの事情で変化するようなことがあれば、その指標も変わることはありうる。ゆえに、純粋に生物学的な観点から見れば、未開人にとって正常なものが必ずしも文明人にとっても同様であるとは言えないし、その逆もまた言えない[2]。また、あらゆる種において常に生じるため、特段の考慮を要する変化の一種が存在する。すなわち、年齢に応じた変化である。老年における健康は壮年におけるそれと同じではなく、また壮年における健康は子どものそれと同じではない。そして、このことは社会についても同様なのだ[3]。つまり、ある社会的事実が特定の社会種にとって正常であると言いうるのは、その社会種の発展の同じく特定の一段階に関してのみなのである。したがって、その社会的事実を正常と呼んでよいか否かを知るためには、それがその種に属する社会の大多数においてどのような形で現れているかを観察するだけでは足りず、さらに、社会をその進化におけるしかるべき段階において考察するよう気をつけなければならないのだ。

さて、以上、われわれは単なる言葉の定義に拘泥してきたように思われよう。というのも、われわれはこれまで、類似と差異に従って諸々の現象をまとめたり、そうして構成された群に名前を与えたりする以外のことはしていないからだ。しかし、実のところ、こうして構築された概念は、客観的で容易に知覚できる特徴によって認知されうる、という大きな利点をもっており、また健康と病気について一般的に抱かれている観念と隔たってもいない。実際、病気とは、おそらく生物の本性に含まれてはいるものの、通常は発生することのない事故のようなものとして、あらゆる人に解されていないだろうか。これこそが、古代の哲学者たちが、病気とは事物の本性に由来するものではないが、有機体に内在する一種の偶発性の所産である、と説いて表明していたことだ。しかるに、このような考え方は、間違いなくいっさいの科学の否定である。なぜなら、病気というものは、健康と同様、何ら奇跡的なものではなく、また健康と同じく〔生ある〕存在の本性に基礎づけられているからである。ただし、基礎づけられているのは正常な本性に、ではない。というのも、病気というものは生物の平常の体質に含まれているわけではなく、また生物の一般的生存条件に結びついているわけでもないのだから。それとは逆に、健康の類型は誰から見ても種の類型と区別できないものである。というのも、それ自身で、またその基本的な構造ゆえに治癒不能なほど病んでいる種なるものを考えようとしても、矛盾に陥ることしかできないのだから。種とは、〔正常さの〕卓越した基準なのであり、それゆえ、いかなる異常も含みえないであろう。

確かに、健康はおおよそ病気よりも望ましいものだと通常は解されている。しかし、この定義は先の定義にすでに含まれている。実際、互いに結びつくことで正常な類型を構成している諸々の特徴が一つの種の中に一般的なものとして広まりえたのであれば、それにはそれなりの理由があるのだ。この一般性は、それ自身、説明を要する一つの事実であって、ゆえにそれには一つの原因が必ず存在する。他方、もし仮に最も広まっている組織構造が少なくともその総体において最も有益なものでないとしたら、この一般性は説明不可能なものとなろう。その組織構造のおかげで、損壊の原因に対して個体がよりいっそう抵抗できるようになるのでなければ、これほど変化する環境にあって、どうしてその構造が維持されえようか。逆に、それ以外の組織構造が稀にしか見られないのであれば、それは明らかに、そのような構造を示す主体は平均的な場合に生き延びることがより困難だからである。ゆえに、前

者の組織構造が最も頻繁に見られるということは、その優越性の証だと言いうるのである。(4)

この最後の指摘は、先に述べた方法から生じる結果を検証する一つの手段を提供してくれさえする。

二

正常な現象を外部から特徴づける一般性は、それ自体、説明可能な一つの現象なのだから、ひとたびそれが観察によって直接に確認されたあとには、その説明が求められてしかるべきである。確かに、一般性には必ず原因がある、ということは最初から確実だと考えてよい。だが、この原因がいかなるものなのかを正確に知ることは、さらに価値がある。実際、その現象がわれわれに対して最初に姿を現した、その外的標識が、単に見かけだけのものではなく、物の本性に基づいていることが証明されれば、つまり一言で言うと、実際上の正常性を正当な権利としての正常性に昇格させることができれば、その現象の正常さはいっそう疑いの余地なきものとなるであろう。ただし、この証明は、先に挙げた理由ゆえに、最も頻繁に見られる事例に関するものとはなるが、だからといって、その現象が有機体にとって有益であることを明らかにするものでは必ずしもない。むしろ、すでに指摘したとおり、何の役にも立たない仕組みが、生物の本性に必然的に内在しているというだけの理由で正常なものだということもありうる。例えば、もし仮に分娩が女性の身体にあれほど激しい混乱をもたらすことがなければ、それはおそらく有益なことだろう。だが、それはありえない。したがって、現象の正常性は、ただそれが当の種の生存条件に結びついているということから、あるいはそうした条件の機械的に必然的な結果として、または有機体をそうした条件に適応させる手段として説明されるであろう[5]。

この証明は、単に検証に役立つだけではない。実際、正常なものと異常なものを区別することに益があるとすれば、それは何よりもまず実践を照らすためであることを忘れてはならない。そして、原因を認識しつつ行為するためには、何を欲すべきかを知っているだけでは不十分であり、なぜそれを欲すべきかをさらに知っていなければならない。正常な状態に関わる科学的な命題は、その根拠がともなっているとき、いっそう直接に個々の事例に適用されうる。というのも、そのとき、われわれは命題を実際に適用するにあたって、どのような場合に、どのような方向で命題を調整すればよいかを、より適切に判断しうるからである。

〔一般性を正常性とみなす、この〕第一の方法は、単独で用いられると誤りを招く可能性があるため、この検証法が絶対に必要となるような状況さえ存在する。そのような状況は、種全体が進化の途上にあって新しい形態がまだ最終的に定まっていないような過渡期に生じる。この場合、すでに実現され、事実として与えられている唯一の正常な類型は過去の類型であるわけだが、しかしこの類型は新しい存在条件とはもはや何の関係ももっていない。かくして、ある事実が、状況の要求するところにもはやまったく応えていないにもかかわらず、種の全域にわたって存続する、ということがありうる。このとき、正常性はもはや見かけ上の、痕跡のようなものでしかない。というのも、その事実が示している一般性は習慣の無思慮な力によって維持されているにすぎず、観察された現象が集合的生存の一般的条件と緊密に結びついていることの指標ではもはやないため、いわば偽りのラベルになってしまっているからである。なお、この困難は社会学に特有のものであり、生物学者にとっては存在しないも同然だと言ってよい。実際、諸種の動物が予想外の形態をとるのを余儀なくされることなど、めったにない。動物が経る唯一の正常な変形は、もっぱら年齢の影響の下で、各個体において規則正しく生じる変形である。この変形はすでに山ほど起こっているのだから、すでに知られているもの、ないしは今後知られうるものである。それゆえ、動物の発達の各時点において、また急変期においてさえ、その正常な状態がどのようなものであるかを知ることができる。このことは、社会学においては、下級の種に属する社会に対してなら、同様にあてはまる。なぜなら、そうした社会の多くはその道程をすべてすでに完了しており、その正常な進化の法則がもう確立されているか、あるいは少なくとも確立可能だからである。しかるに、最高度に発達した現代の社会については、まだその全歴史過程を終えていないので、そうした法則はもちろん知られていない。ゆえに、社会学者は、そこである現象が正常なものか否かを知ろうとしても、いっさいの指標が欠如しているために立ち往生してしまう、ということがありうるのだ。

　しかし、今われわれが述べた手順に則るなら、社会学者はこのいきづまりを脱することができる。つまり、その事実が一般性をもつことを観察によって確認したあと、この一般性が生じた条件を過去に遡って把握し、次いで、そのような条件が現在もなお与えられているのか、あるいは反対に変化してしまっているのかを探究するのだ。前者の場合には、その現象を正常なものとして取り扱ってしかるべきだろうし、後者の場合には、そのような性質〔正常性〕は否定されるべきだろう。例えば、組織化の欠如によって特徴づけられるヨーロッパ諸国民の経済の現状が、はたして正常なものかそうでないのかを知るために、この状態を生み出したものを過去の中に探究する。そして、その条件がわれわれの社会が現に置かれている条件と変わることなく同じものであるなら、その状況は、いかに抗議を呼び起こそうとも、正常なものだということである。しかし、逆に、この状況が、われわれが他所で環節的と名づけた、かつて社会の基本的骨格をなしていたが次第に消滅しつつある、あの古い社会構造に結びついているなら、たとえそれがどれほど普遍的に認められようとも、現在では一つの病的な状態をなしている、と結論づけなければなるまい。今日この領域で論争の的になっているあらゆる問題、例えば宗教的信仰の衰退や国家権力の増大が正常な現象であるか否かといった問題は、これと同じ方法に従って解かれなければならないのである。

それでも、いかなる場合であれ、この方法を先述の方法に取って代えたり、第一の選択肢にしたりすることはできないであろう。というのも、この方法は、科学がすでに十分に進歩した時にしか接近できないような諸々の問題を提起するからだ（こうした問題については、のちに論じなければなるまい）。つまり、この方法は現象の原因ないし機能がすでに確定されていることを前提にしており、結局のところ、現象のほぼ完全な説明をその解明に先立って含んでしまっているのである。ところが、研究の端緒において重要なのは、若干の例外的な事例はあるにせよ、諸事実を正常なものと異常なものに分類し、各々の領域を生理学と病理学に割り当てられるようにすることである。これに続いて、ある事実それ自体が正常なものと規定されうるためには、正常な類型との関係において、その事実が有用ないし必須であることが認められねばならない。さもなければ、病いとはこれに冒された有機体に必然的に由来するものだから健康と区別されえない、などと証明されかねないだろう。だが、平均的な有機体に対してなら、病いがこのような〔馬鹿げた〕関係を結ぶことはない。また、それと同様に、薬の使用というものも、病人にとって有用であるがゆえに正常な現象とみなされてしまうかもしれない。しかし、それは明らかに異常な現象である。というのも、それが有用性を示すのは、ただ異常な状況の下でのみなのだから。つまり、この方法は、正常な類型があらかじめ構成されている時にしか用いることができないのだ。そして、この正常な類型とは、この方法とは別の方法によってのみ構成されうるものなのである。最後に、またとりわけ指摘すべきことであるが、正常なものすべてが必要とは言えないにせよ、少なくともすべて有用なものではあるということが正しいとしても、有用なものすべてが正常なものであるとするのは間違っている。なるほど、種の中に一般化している状態が、例外的なものにとどまっている状態より有用である、ということは確信できよう。だが、今存在している、または存在しうる状態が最も有用なものである、という確信はもてない。これまでの経験の過程においてありうる組み合わせがすべて試され尽くしたと信じるいかなる根拠もないし、想定することはできるものの、これまで一度も実現されていない組み合わせの中には、既知のものよりはるかに優れたものがおそらくあるだろう。とどのつまり、有用という観念は、正常という観念をはみ出しているのだ。言い換えれば、有用と正常の観念は、属（genre）と種（espèce）の関係にあるのであって、そもそも小から大を、すなわち種から属を導き出すことは不可能なのだ。だが、種の中に属を探し出すことはできる。種は属を必ず含んでいるのだから。それゆえ、ひとたび現象の一般性が確認されれば、その現象がどのように役立っているのかを明らかにすることで、第一の方法による結果を確かめることができる。(9) かくして、以下の三つの規準を定式化しえよう。

1　ある一つの社会的事実は、その進化の特定の段階において考察された、その種の諸社会の平均の中に生じるとき、その発達の特定の段階において考察された特定の社会類型に対して正常である。

2　その現象の一般性が、考察されている当の社会類型における集合的生の一般的条件と結びついていることを明らかにすることで、前記の方法による結果を検証することができる。

3　当該の事実が、まだその進化の全体を完了していない社会種に関係している時には、この検証は必須である。

三

世人は、こうした難しい問題を一挙に一言で解決したり、ある一つの社会的事実が正常か否かを皮相な観察と三段論法によって性急に決着させたりすることにあまりにも慣れてしまっているため、おそらく以上のような手続きは無駄に複雑なものだと判断するだろう。健康と病いを区別するのに、これほど多くの作業をする必要があるとは思われない。事実、われわれはこうした区別を普段から日常的に行っていないだろうか、と。——確かに、そのとおりだ。しかし、われわれがこの区別を適切に行っているかどうか、という問題は残る。こうした問題が孕む諸々の困難がわれわれの目から覆い隠されているのは、生物学者がそうした困難を比較的たやすく解決しているのを見知っているからである。だが、その際、われわれが見落としていることがある。すなわち、彼ら生物学者にとって、各々の現象が有機体の抵抗力に作用する仕方を認識し、それによって現象の正常または異常な性格を実際上、十分な正確さをもって決定するのは、社会学者に比べてずっと容易なのだ。社会学では、事実というものがいっそう複雑で、いっそう流動的であるため、よりいっそうの慎重さを余儀なくされる。このことは、例えば、同じ一つの現象が複数の党派から対象にされた挙げ句、相矛盾する複数の判断が下される、という実情が証しているとおりである。この慎重さがどれほど必要なものかをはっきり示すため、以下にいくつかの例を挙げてみよう。そして、慎重さを旨としない場合、どのような間違いの危険にさらされることになるのか、また最も本質的な現象を方法的に取り扱った場合、それがどのような新たな姿で現れてくるのかを明らかにすることにしよう。

その病理的な性格に異論の余地などないように見える事実といえば、犯罪である。この点は、すべての犯罪学者が同意している。たとえこの病理性を彼らがそれぞれ異なる仕方で説明しているとしても、犯罪に病理性を認めること自体には全員が一致している。しかしながら、この問題は、そのような拙速さを排して、もっと慎重に取り扱われねばならないのだ。

前述の規準を実際に適用してみよう。犯罪は、単にあれやこれやの種に属する社会の大部分に見られるだけでなく、あらゆる類型のあらゆる社会で観察されている。犯罪の存在しない社会は存在しない。確かに、犯罪の形態は変化するものであるし、犯罪とされる行為がどこであっても同じであるわけではない。しかし、刑罰をともなう抑圧を自ら招くような仕方でふるまう人間というものは、あらゆる場所に、あらゆる時代を通じて存在してきた。せめて下級の類型からより発達した類型へと社会が移行するにつれて、犯罪率、すなわち人口と年間犯罪数の比が低下傾向にあったのなら、犯罪は、まったく正常な現象でありつつ、その正常性を失う傾向にある、と信じることもできただろう。だが、実際にそのような後退が生じていると信じるいかなる根拠も存在しない。むしろ、数多くの事実が、それとは逆方向への動きの存在を示しているように思われるのだ。今世紀〔一九世紀〕初頭以降、われわれは統計という手段によって犯罪の動向をたどることができる。それによると、犯罪は至る所で増加している。この増加は、フランスではほぼ三〇〇パーセントにも及ぶ。つまり、犯罪という現象は集合的生全体の状況にこれほど緊密に結びついて現れているのだから、およそこれほど反論の余地なく正常性のあらゆる徴候を示している現象はないと言えよう。仮に犯罪を社会的な病いとみなすとなれば、病気というものが偶発的なものではなく、反対に、ある場合には生物の基本構造に由来するものである、と認めることになってしまうだろう。また、生理学的なものと病理学的なものの区別をまったくなくすことにもなってしまうだろう。確かに、犯罪それ自体が異常な形態をとることはありうる。例えば、犯罪率が法外な値に達する、というような場合である。実際、そのような法外さが病的な性質のものであることに疑いの余地はない。要するに、ここで正常さとは、簡潔に言って次のことなのだ。すなわち、社会類型ごとにある一定の水準に達し、かつこれを越えることのないかぎりにおいて犯罪行為が存在すること、これである。この水準をすでに述べた規準に沿う形で定めることは、おそらく不可能ではないだろう(10)。

かくして、われわれは見かけ上、かなり逆説的な結論に直面している。というのも、誤解してはいけないのだが、犯罪を正常社会学の扱う現象の内に分類するということ、それは単に犯罪を、人間の矯正しがたい悪意に由来する、遺憾ではあるが不可避的な現象とみなすというだけのことではないからだ。それは、犯罪というものは公共の健康の一要因であり、あらゆる健康な社会の不可欠な一部分であると断言することなのだ。この結論は、一見かなり意表を突くものであるため、私自身でさえ、それも長い間、当惑させられていたほどである。しかしながら、その意外な第一印象をひとたび乗り越えたなら、この正常性を説明し、同時にこれを裏づける根拠を見出すのは難しいことではない。

第一に、犯罪を免れている社会などまったくありえないがゆえに、犯罪は正常なものである。

他所で示したとおり、犯罪とは独特の力強さと明瞭さをもつある種の集合的感情を傷つけるような一行為から成っている。ゆえに、所与の一社会において犯罪とみなされる行為が犯されなくなるためには、その行為が傷つける感情が、反対の感情を抑制するのに必要なだけの強度をもって、すべての個人意識の内に例外なく見出されねばならないだろう。だが、仮にそのような条件がそのとおりに実現されえたとしても、だからといって犯罪は消滅せず、単にその形態を変ずるにすぎないだろう。なぜなら、そうして犯罪行為の源泉を干上がらせた原因そのものが、ただちに新たな源泉を開くからである。

実際、ある一国民の刑法が防護している集合的感情が、その歴史の特定の一時点において、それまでそうした感情に対して閉ざされていた個人意識の中に浸透し、あるいはそれまで個人意識の中でもっていなかったような強い影響力をもつようになるためには、この集合的感情がそれ以前にはなかったほどの強度を得る必要がある。つまり、共同体が全体として、この感情をこれまで以上に強烈に感じていなければならないのだ。というのも、それまでこれ以上ないほど抵抗していた個人にさえ課されうるほどのいっそう大きな力を、集合的感情がこれ以外の源泉から汲むことなどできないからである。例えば、殺人を犯す者がいなくなるためには、殺人者の供給元になっている社会層の中で流血の惨事に対する恐怖が増大しなければならないが、しかしそのためには社会の全域にわたってこの恐怖が増大しなければならない。これに加えて、犯罪の欠如それ自体が、このような結果を生み出す直接的な要因となろう。というのも、ある感情が常に一致して尊重されているとき、その感情はよりいっそう尊重すべきものとして現れるからである。しかし、通常は見過ごされているが、共通意識の状態がそれほどまでに強化されるとなれば、それまでは侵害してもただの道徳的な過ちとしかみなされなかったような共通意識のより弱い状態もまた同時に強化されずにはおかない。なぜなら、後者は前者の延長物であり、その緩和された形態にすぎないからである。例えば、泥棒も単なる無断借用も、〔異なる感情ではなく〕同じ一つの愛他的感情を、すなわち他人の所有物に対する尊重の念を害するにすぎない。この同じ感情を一方は他方ほど強くは傷つけないというだけのことである。そして、他方、平均的な〔個人〕意識の中で、この感情は、これら二つの侵害のうちの軽微なほうをも鋭敏に感じ取るほどの強度はもっていないので、そうした軽微な侵害は大目に見られる。かくして、泥棒は罰せられるのに対して、無断借用は単に非難されるにとどまるのである。だが、もしこの同じ感情が強度を増し、人がもつ盗みへの性向をすべての〔個人〕意識において消し去るという点にまで達するなら、この感情は、それまでは軽微なものとしか感じられていなかった侵害に対して、ずっと鋭敏になるだろう。その結果、この感情はそうした侵害により激しく反応するようになり、それらの侵害はより激しい非難の対象となって、そのうちのいくつかのものは、それまでの単なる道徳的な過ちから犯罪の範疇に移されるであろう。例えば、世間からの非難や民事上の賠償が発生するにすぎないような不誠実な契約、あるいは契約の不誠実な履行は、そのようにして違法なものとなるだろう。聖人の社会、非の打ちどころのない完璧な修道院を想像してほしい。そこには、いわゆる犯罪は存在しないだろう。だが、そこでは、俗人には許されるであろう諸々の過ちが、ふつうの違法行為が俗人の意識の間で醸《かも》すのと同じ物議を醸すことになるだろう。ゆえに、この社会が裁きと処罰の権力をそなえているなら、そうした行為は犯罪的とみなされ、犯罪として取り扱われるであろう。これと同じ理由から、完全に高潔な人間は、自らのどんな些細な道徳的な過失をも、ふつうの人なら真の犯罪行為に対してのみ向けるような容赦のなさで裁くのだ。かつては個人の尊厳に対する敬意が今日に比べて乏しかったので、人格に対する侵害はもっと頻繁に起こっていた。その後、この敬意が増大したため、そうした犯罪は減少した。だが、それと同時に、当初は刑法の枠の外に置かれていた、この感情を傷つける多くの行為が刑法の内に組み入れられたのである(11)。

論理的にありうるあらゆる仮説を汲み尽くそうとするなら、おそらく次のような疑問が湧いてくるだろう。すなわち、このような全員一致は、なぜすべての集合的感情に対して例外なく広まらないのか、また、あらゆる不一致を防ぐためのエネルギーは、最小限の集合的感情のもつそれではなぜ足りないのか、と。もしそうであれば、社会の道徳意識はそっくりそのまま、あらゆる個人の中に見出され、しかも犯罪のみならず純粋な道徳的過ちをも抑止するほどの強さをもって、つまり社会の道徳意識を害するいっさいの行為を抑止するのに十分な強さをもって見出されるだろうに、と。だが、そのような普遍的かつ絶対的な一致は根本的に不可能である。なぜなら、われわれ各人が置かれている直接的な物理的環境や遺伝的な素質、またわれわれがこうむっている社会的な影響は、個々人さまざまに異なっており、それゆえに人々の意識は多様化せざるをえないからである。各個人がそれぞれ固有の身体をもち、各身体がそれぞれ空間の異なる部分を占めているということだけからしても、万人がこの点で一致することなどありえない。個人の独創性（originalité）がほとんど発達していない下級民族にあってさえ、独創性が皆無というわけではないのも、そのためだ。このようなわけで、個々人が集合的類型から多少なりともずれていないような社会は存在しえないのだから、そうしたずれの中に犯罪的な性格を示すものが含まれることもまた避けがたい。なぜなら、そのようなずれに犯罪性を付与するものは、そのずれに内在する重大性ではなく、共通意識がそれに与える重大性なのだから。したがって、もし共通意識がより強大なものになり、そうしたずれをその絶対値においても非常に微少なものとするほどの権威をもつようになれば、共通意識はより鋭敏にもなり、またより手厳しくもなって、他所ならばもっと重大な不一致に対してのみ発揮されるようなエネルギーで、ごくわずかなずれに反応し、重大な不一致と同じだけの重大性を付与することだろう。すなわち、犯罪の烙印を捺すのだ。

このようにして、犯罪というものは必然的で必要なものである。犯罪は社会的生全体の基礎的条件に結びついている。だが、まさにそれゆえに、犯罪は有用なものなのだ。なぜなら、犯罪が堅く結びついている諸々の条件は、それ自身、道徳と法の正常な進化にとって欠くことのできないものだからである。

実際、法と道徳は、社会類型ごとに変わるだけでなく、たとえ同一の類型であっても集合的生存の条件が変われば、それらもまた変わる、ということに今日もはや反論の余地はない。だが、そのような変化が可能になるためには、道徳の基盤にある集合的感情が変化に逆らわないこと、つまりそれが穏当なエネルギーしかもたないことが必要である。もし集合的感情の力が強すぎれば、それはもはや可塑的なものではなくなるであろう。実際、何かを構成するということは、それ自体が再構成の障害であり、このことは最初の構成が強固なものであればあるほど妥当する。つまり、構造というものは、それを構成する各部分が相互に緊密に結びつき合っていればいるほど、それだけいっそう、いかなる変形にも抵抗するものであり、このことは解剖学的な構成と同じく、機能的な構成についてもあてはまるのだ。もし仮に犯罪というものが存在しなかったとしたら、この条件〔集合的感情が穏当なエネルギーしかもたないこと〕は満たされていないだろう。というのも、犯罪の不在というこの仮説は、集合的感情が歴史上類を見ないほどの強度に達していることを前提とするものだからである。何事によらず、際限のないこと、度が過ぎることは、よいことではない。道徳意識がもつ権威は過度なものであってはならない。さもなければ、誰もあえてこの権威に手をつけようとせず、その結果、道徳意識はあまりにたやすく不変の形態になって、凝固してしまうであろう。道徳意識が進化しうるには、個人の独創性の表出が可能でなければならない。だとすれば、自らが生きている世紀に先んじることを夢見る理想主義者の独創性が表明されるためには、時代に遅れをとっている犯罪者の独創性もまた表明されなければなるまい。要するに、一方なくして他方は存在しえないのである。

それだけではない。この間接的な有用性に加えて、犯罪はそれ自身で道徳意識の進化にとって有用な役割を演じることもある。犯罪の存在は、単に必要な変化への道が開かれていることを意味するだけではない。場合によっては、犯罪がこの変化を直接に準備することさえあるのだ。犯罪が存在するところでは、集合的感情は新たな形態をとるのに必要な柔軟性をそなえた状態にある。のみならず、犯罪は、集合的感情が将来まとう形態をこれに先立って規定する役をしばしば果たす。実際、犯罪が来たるべき道徳の先取り、次なるものへの一段階でしかなかったことが数知れずあったではないか！　かのソクラテスはアテナイの法に従えば犯罪者であり、彼に対する有罪宣告は正義以外の何ものでもなかった。だがしかし、彼の犯罪、すなわちその思想の独立は、人類にとってのみならず、彼の祖国にとっても有用なものだった。というのも、アテナイ人がそれまで営み、生きてきた諸々の伝統は、その時にはもはや彼らの生存条件にそぐわなくなっており、そのため彼らは新たな道徳と新たな信念を必要としていたのであって、ソクラテスの犯罪はそうしたものの準備に役立ったからだ。さらに言えば、ソクラテスの事例は例外的なものではない。同様の事例は歴史上、周期的に再現されている。例えば、現にわれわれが享受している思想の自由にしても、仮にこれを禁じていた規則がその公式な廃止より前に侵犯されることがなかったなら、そのような自由が宣言されることなど決してありえなかっただろう。だが、その時点では、そのような侵犯は確かに犯罪だったのだ。それは、大多数の意識の中でまだとても激しかった感情に対する侮辱だったのだから。にもかかわらず、この犯罪は有用なものだった。それは、日を追うごとに必要性を増していた変化の前触れとなったのだから。実のところ、自由哲学の先駆者たちは、中世の全過程を通じて、現代の前夜に至るまで、ずっと世俗の裁判権が正義として罰してきた、あらゆる種類の異端者だったのである。

以上のような観点から見れば、犯罪学における基本的な事実は、まったく新しい様相でわれわれの前に立ち現れてくる。通念に反して、犯罪者とは、もはや根本的に非社会的な存在、一種の寄生的な要素、すなわち社会の内部に忍び込んだ同化不能な異物のようなもの[12]などではない。それは社会生活の正規の行為主体である。犯罪というもの自体、どれほど狭い限界の内に封じ込めても封じ込めきれないような悪などとは、もはや解されてはならない。犯罪が平常の水準に比べてあまりにも著しい減少を見せた場合、それは喜ぶべきことであるどころか、そのような見かけ上の進歩は何らかの社会的な混乱と同時かつ緊密に結びついていると確信することができる。だからこそ、傷害の件数が大きく減少するのは困窮の時期だけなのだ[13]。このような結論から、同時に刑罰の理論も一新される、というよりむしろ一新されなければならない。実際、もし犯罪が病いなのだとしたら、刑罰とはその治療であって、それ以外に理解のしようがない。それゆえ、刑罰というものが引き起こすいっさいの議論は、治療としての役割を果たすには刑罰がどのようなものでなければならないかを探る、という点に向けられる。けれども、もし犯罪が何ら病的なものではないとすれば、刑罰は犯罪を治癒させるという目的をもちえず、したがってその真の機能はこれとは別のところに求められなければならない。

ゆえに、これまで述べてきた諸々の規準は、大して有用でもない論理的形式主義を満足させる以外の存在理由をもたない、などということはまったくない。反対に、そうした規準を適用するか否かによって、最も本質的な社会的事実の性格は完全に変わってしまうのだ。加うるに、今挙げた例はとりわけ説得力をもつものだとしても――だからこそ、われわれはこれを取り上げるべきだと考えたわけだが――、取り上げる益のある例が他にも数多く存在することは確かである。刑罰はその違法行為と釣り合っていなければならない、ということが原則にされていないような社会は存在しない。ところが、イタリア学派によれば、この原則は法学者たちの作り事にすぎず、確たるものではまるでないとされる[14]。この学派の犯罪学者に言わせれば、既知のあらゆる民族において今日まで機能してきたとおりの刑罰制度の全体こそが、自然に反する現象なのである。事実、すでに見たとおり、ガロファロ氏においては、下級社会に特徴的に見られる犯罪行為は何ら自然なものではないとされていた。他方で、社会主義者にとっては広く一般的なものになってしまってはいるものの、暴力と策略によって生み出される資本主義的組織こそ、正常状態からの逸脱である。ところが、それとは対照的に、スペンサー氏にとっては、今日見られる行政の中央集権化と政府権力の拡大こそが、両者とも時代が進むにつれて、これ以上ないほど規則的かつ普遍的に進行するにもかかわらず、現代社会の根源的な悪である。さて、こうして見てくると、世の論者たちが社会的事実の正常性や異常性をその事実の一般性の程度に応じて決定するように一貫して努めている、などとはとうてい信じられない。現実には、こうした問題は弁証法の濫用によって一刀両断に解決されるのを常としているのだ。

だがしかし、この基準（critère）〔現象の一般性はその正常性を示すということ〕を脇に置いてしまうと、たった今見たとおりの混乱と部分的な誤謬にさらされるだけでなく、科学自体が成立不能になってしまう。実際、科学の第一の対象とは正常な類型である。それなのに、もし仮に最も一般的な事実が病的だということがありうるなら、正常な類型なるものは事実の中には決して存在しないことになるであろう。そうなれば、事実を研究することはいったい何の役に立とうか。それでは諸事実はわれわれの予断を強化するばかりとなり、さらにこの予断はわれわれの誤謬の結果なのだから、誤謬を深く根づかせるだけのものになってしまう。もし歴史上、実際に存在してきた刑罰や責任が無知と野蛮の産物でしかないとすれば、その正常な類型を確定しようと一生懸命それらを研究したところで、それが何の役に立つだろうか。かくして、精神はもはや関心の対象ではなくなった現実に背を向けて、自分自身の殻に閉じこもり、現実を再構成するために必要な素材を自分自身の内に求めるよう導かれるのである。だが、社会学が事実を物のように取り扱うためには、社会学者は事実の下に学ぶことの必要性を感じていなければなるまい。個人的なものであれ社会的なものであれ、およそ生なるものに関わるいっさいの科学の主たる目的は、要するに、正常な状態を規定し、それを説明して、その反対の状態から区別することなのだから、もし仮にこの正常性というものが物自身の内に与えられておらず、逆に理由は何であれ、われわれが外部から物に強要したり否認したりするような性質であるなら、物に依拠することの有益性など望むべくもなくなる。そのとき、精神は現実を前にして勝手気ままなものとなる。現実から学ぶべきものなど大してない、と考えているのだから。そのとき、精神はもはや自らが研究対象としている素材によって制約を受けることはない。言ってみれば、精神こそが素材を規定するのだから。このように、これまでわれわれが打ち立ててきたさまざまな規準は緊密に結びついているのだ。社会学が真に諸物の科学(science de choses)になるためには、現象の一般性がその正常性の基準とされなければならないのである。

その上、われわれの方法は思考と同時に行為を律する、という利点をもっている。もし望ましいものが観察の対象とされず、一種の暗算によって決定されうるし、またそうであるべきだとなれば、完璧を求める想像力の自由な着想は、いわば無際限なものとなる。完全性なるものに対して越えることのできない限界を付すことなど、どうしてできようか。完全性とは、その定義からして、いっさいの限界を脱しているものなのだ。ゆえに、人類の到達目標を考えるとき、そのような目標は、そこに至るまでの遠路そのものによって人々の意気を挫《くじ》き、あるいは反対に、この目標に少しでも近づこうと足取りを速め、革命へとのめり込む者たちを刺激し、熱狂させながら、いずれにせよ無限に遠のいていくのである。だが、もし望ましいものがすなわち健康であり、健康とは物の内に定められ、与えられている何ものかであるのなら、実践上のこのジレンマから免れることができる。なぜなら、そのとき同時に努力の限界も与えられ、定められるからだ。この場合には、自分が前に進めば進むほど遠くに逃げ去るような目標を希望のないまま追い求める必要などもはやない。変わらぬ粘り強さをもって正常な状態を維持するよう努め、これが乱されればその再確立に努め、その成立条件が変わるようなことがあれば新たな条件を見つけ出すよう努めればよいのだ。もはや政治家の責務とは、自分には魅力的に映じるある理想に向けて社会を力ずくで押しやることではない。彼の役割は、むしろ医者のそれなのだ。すなわち、よい衛生状態を維持することで病いの発生を予防するとともに、ひとたび発生が告げられた際には、その治療に努めることである。(15)

原注

(1) このことから、病気と奇形を区別することができる。つまり、奇形とは、まったく空間的な例外であり、種の平均的な個体の内には見られないが、それが見られる個体においては一生を通じて持続するものである。ただ、〔病気と奇形という〕この二種類の事実の違いは程度の差にすぎず、両者は根底において同じ本質のものであることも、また理解されよう。両者の境界は非常に曖昧なものなのだ。というのも、病状がまったく固定してしまうことはありえないわけではなく、奇形もまったく変化しえないわけではないからだ。だから、定義にあたって、両者を根本的に分離することはほぼ不可能である。両者の区別は、形態学的なものと生理学的なものの区別と同程度の明確さしかもちえない。というのも、結局のところ、病的なものとは生理学的領域における異常であり、奇形的なものとは解剖学的領域における異常だからである。

(2) 例えば、健康な文明人と同じ短い消化器官と発達した神経組織をもつ未開人がもしいたとしたら、彼は、その環境との関係においては、さしずめ病人であろう。

(3) この点のさらなる展開は省略する。というのも、それは、かつて他所で道徳的事実における正常と異常の区別について述べたのと同じことを社会的事実一般について繰り返すことにしかならないからである(『社会分業論』三三―三九頁を参照せよ)。

(4) ガロファロ氏が病的なものを異常なものから区別しようと試みたのは事実である(『犯罪学』一〇九―一一〇頁)。しかし、彼がこの区別において立脚しているたった二つの議論は、次のようなものだ。

1「病気という語は、有機体の全面的もしくは部分的な損壊に向かう何ものかを常に意味している。もしそこに損壊が見られないのであれば、それは治癒したということであって、多くの異常に認められる固定性はそこには決して存在しない」。

だが、今見たとおり、異常なものもまた、一般的な場合には生物に対する脅威である。確かに、常にそうだというわけではない。だが、病気に含まれる危険性も、一般的な状況においては存在するというにすぎず、これと変わるところはない。また、病的なものを特徴づけるとされた固定性の欠如について言えば、これは慢性疾患の存在を失念したものであり、また病的なものから奇形的なものを完全に排除してしまっている。だが、〔本来、病的なものの範疇に入れるべき〕奇形は固定的なものである。

2「正常なものと異常なものの区別が人種によって異なるのに対して、生理学的なものと病理学的なものの区別は全ヒト属(*genus homo*)に等しく妥当する」。

しかし、これとは反対に、すでに示したとおり、未開人にとって病的なものは往々にして文明人にとってはそうではない。身体的な健康の条件は環境によって異なるのだ。

(5) 確かに、ある現象が生の一般的条件から必然的に派生する場合、その現象はそれだけでは有益なものではないのではなかろうか、と考えることはできるが、ここでこの哲学上の問題を取り扱うことはできない。もう少し先で触れることにしよう。

(6) この点については、筆者が『哲学評論 (*Revue philosophique*)』一八九三年一一月号で発表した小論「社会主義の定義 (La définition du socialisme)」を参照のこと。

(7) 環節的社会、とりわけ区域に基づく環節的社会とは、その基本的な分節が区域の分割に対応しているような社会のことである（『社会分業論』一八九―二一〇頁を参照せよ）。

(8) やや異なる方法をとることによって、正常性の疑わしい事実が実際にこの疑いのとおりであるのか否かを証明できる場合もある。つまり、その事実が当の社会類型のそれまでの発達に、あるいは社会進化一般の全体にさえ緊密に結びついているということ、あるいは反対にそれらの両方に反しているということを示せばよいのだ。実際、現代における宗教的信仰の衰退、より一般的には集合的対象に対する集合的感情の衰退が正常以外の何ものでもないことをわれわれが示せたのは、この方法によってである。すなわち、われわれは、社会が現代の社会類型に近づけば近づくほど、またこの類型に関してはこれが発達すればするほど、そうした衰退が明確なものになっていくことを証明したのだ（『社会分業論』七三―一八二頁）。とはいえ、この方法は、根本的には先に挙げた方法の一特殊事例にすぎない。というのも、この現象の正常性がこの仕方で立証されえたのは、この現象が同時にわれわれの集合的生存の最も一般的な条件に根差していたからでもあったのだ。実際、一方で、現代社会特有の構造が確固たるものになればなるほど宗教意識の衰退がいっそう明瞭なものになるのだとすれば、この衰退は、何らかの偶発的な原因にではなく、現代の社会的環境の構造そのものに起因しているということである。また、他方で、この構造固有の特性はかつてに比べて今日では確実に発達しているのだから、この構造に由来する現象もまた、それ自身、優勢になっていくというのは正常以外の何ものでもない。ゆえに、この方法と前述の方法との相違はただ、現象の一般性を説明し、正当化する条件が直接に観察されたものではなく、帰納的に導き出されたものである、という点だけなのだ。何によって、どのように、ということまでは分からずとも、その現象が社会的環境の本性につながっていることは分かるのである。

(9)　だが、そうなると、次のような異論が提起されよう。すなわち、正常な類型の実現は人が目標として掲げうる最も高度なものではない。ゆえに、これを乗り越えて進むためには科学をも乗り越えなければならない、と。ここでは、この問題を、その道の専門家として（*ex professo*）取り扱う必要はなかろう。ただ次のように答えておこう。(1)この問題は純粋に理論上のものである。というのも、実際上は、正常な類型、すなわち健康な状態を実現することは、すでにしてかなり困難であり、達成されることはかなり稀であるため、想像力を働かせることなく、よりよいものを探究することはできないからである。(2)そうした改善は、客観的にはより有益だとしても、だからといって客観的に望ましいわけではない。なぜなら、もしそうした改善がいかなる潜在的または現実的な性向にも対応していないとしたら、それは幸福をいささかも増やすものではなく、逆にもし何らかの性向に対応しているとすれば、それはつまり正常な類型がまだ実現されていないということだからである。(3)結局のところ、正常な類型を改善するためには、この類型をすでに知っていなければならないのだ。したがって、いずれにせよ科学に依拠することによってしか、科学を乗り越えることはできないのである。

(10)　犯罪が正常社会学の対象たる一現象だからといって、犯罪者が生物学や心理学の観点から見て正常に形成された一個人である、と続くわけではない。これら二つの問題は、互いに独立した問題である。この独立性は、いずれ心理学的事実と社会学的事実の間にある差異を示したあとに、よりよく理解されるであろう。

(11)　誹謗中傷、侮辱、名誉毀損、詐欺など。

(12)　私自身、かつて犯罪者をこのように語るという誤りを犯したが、それは本書で打ち立てた規準を適用しなかったためである（『社会分業論』三九五―三九六頁）。

(13)　なお、犯罪は正常社会学の扱う事実だからといって嫌うべきものではない、ということにはならない。苦痛というものもまた何ら望ましいものではなく、社会が犯罪を嫌うのと同じように個人は苦痛を嫌うが、それでもこの苦痛は正常生理学に属する。苦痛は、あらゆる生き物の構造自体に必然的に由来するだけでなく、生きるということにおいて他のものでは代わりえない有用な役割を果たしているのだ。よって、われわれの考えを犯罪の擁護として紹介することは、これを奇妙に歪めるものである。道徳的事実を客観的に研究し、通俗的な言葉とは異なる言葉で語ろうと企図すれば、どれほど奇妙な非難と、どれほどの誤解に身をさらすことになるか、そのことに気づいていなかったとすれば、われわれもそのような曲解に対して抗議しようなどとは思いつきもしなかったであろうが。

(14) R・ガロファロ『犯罪学』二九九頁を見よ。

(15) 本章でわれわれが展開した理論から、人々はしばしば次のような結論を引き出した。すなわち、われわれに従えば、一九世紀を通じての犯罪の増加傾向は正常な現象である、と。だが、これほどわれわれの考えから遠いものはない。自殺に関してわれわれが示したいくつかの事実からは(『自殺論』四二〇頁以下を参照のこと)、逆にこの増加は一般的には病的なものと考えてよいように思われる。しかしながら、文明の各々の状態は各々固有の犯罪行為をもっているのだから、ある種の犯罪形態のある程度の増加は正常なものである、ということもありうるかもしれない。といったところで、この問題については仮説以上のものは提出できないのだが。

第四章　社会類型の構成に関する規準

ある社会的事実が正常なものであるか異常なものであるかは、特定の一社会種（espèce sociale）との関係においてのみ規定されうる。それゆえ、前章の議論の帰結として、当然にも社会学は社会種の構成とその分類に一部門を割くことになる。

のみならず、この社会種という概念には非常に大きな利点がある。これによって、久しく以前から人々を二分してきた、集合的生というものに対する相反する二つの考え方の間に一つの中間項が提供されるのだ。私が言いたいのは、歴史家の唯名論[1]と哲学者の極端な実在論のことである。歴史家にとって、諸々の社会はそれぞれ異質であり、相互に比較不可能な個別性（individualité）をそなえている。各民族はそれぞれの外貌、特殊な構成、法、道徳、経済組織をそなえているが、これらはその民族にのみ適合するものであり、一般化することはまずまったく不可能だ。これとは反対に、哲学者にとっては、部族、都市国家、国民国家などと呼ばれる個別の集団はすべて偶発的な、かりそめの結合にすぎず、固有の実在性をもたない。実際に存在するのは人類（humanité）のみであって、社会進化のいっさいが由《よ》り来たるのは人間本性（nature humaine）の普遍的な属性からにほかならない。よって、歴史家にとって、歴史とは、再現されることなく継起する一連の出来事でしかない。それに対して、哲学者にとっては、同じこれらの出来事は、人間の構造自体に刻み込まれ、歴史的展開のいっさいを支配する普遍的な法則の例証としてしか価値がなく、そのかぎりでしか興味も惹かない。歴史家にとっては、ある社会にとって好ましいことは他の社会には適用されえないことになろう。すなわち、社会の健康状態の条件は、各民族によってさまざまであり、理論的に決定することはできない。それは実践と経験に関わる事柄、試行錯誤の事柄なのだ。ところが、哲学者にとっては、この条件は一挙にきっぱりと人類全体に対して決定できるものである。かくして、社会的現実は、抽象的で曖昧な哲学か、あるいは純粋に記述的なモノグラフか、そのいずれかの対象にしかなりえないように思われてきた。しかし、歴史上に存在した、あまたの社会による混沌状態と、唯一だが理念的な人類という概念の間に媒介項があることをひとたび認めれば、そのような二者択一を脱することができる。この媒介項こそ、社会種である。実際、種という概念の内には、真に科学的な研究なら必ず求められる統一性と、事実が否応なく示す多様性とが結びついている。というのも、種とは、それをなすすべての個体において同じであると同時に、他方、種相互においては異なるものだからである。確かに、道徳、法、経済などの制度は無限に変化しうるものだ。しかし、その変化は、科学的思考に対して何の手がかりも与えないような性質のものではない。

　コントが「相異なる諸民族の内に観察される継起的な変化のいっさいが理念的にはすべてそこに帰着する」[2]ようなただ一つの民族を考え、この民族の進歩と幾多の人間社会の進歩を同一視して、前者で後者を代表させることができると信じたのは、まさにこの社会種の存在を彼が見過ごしたためである。実際、もしたった一つの社会種しか存在しないとしたら、個々の社会の間にあるのは、ただ、この唯一の種を構成する特徴をどの程度完全に表示しているかの程度の差だけ、また人間性（humanité）をどの程度完全に表現しているかの程度の差だけとなる。反対に、相互に質的にはっきりと異なる複数の社会類型が存在するなら、それらをいくら接近させようとしてみたところで、一本の幾何学的直線を構成する均質な線分のように厳密に接合することは不可能だろう。かくして、歴史の展開は、これまで付与されてきた理念的で単純にすぎる統一性を失う。それはいわば無数の断片に細断され、それらの断片は、それぞれ種が異なるために、連続性をもつ形で接合されることはできないだろう。コントが踏襲したパスカルの有名な比喩〔全体としての人類の進歩は一人の人間の進歩と同様にみなすべき、という考え方。パスカル「『真空論』のための序文（Préface pour le *Traité du vide*）」に見られる〕は、もはや真実とはみなしえないのだ。

では、社会種を構成する作業には、どのように取りかかればよいのだろうか。

一

一見すると、そのためには、それぞれの社会を個別に研究し、そこからできるかぎり正確で完全なモノグラフを作成し、次いですべてのモノグラフを相互に比較し、それらの共通点と相違点を見つけ出し、最後にそうした類似と相違の相対的な重要性に従って、諸民族を類似の、あるいは異質の集団に分類する、という方法をとる以外ないように思われる。それゆえ、世人はこの方法を支持し、それが観察科学において唯一、受け入れられる方法だと主張する。実際、種とは個体の縮図以外の何ものでもないのだから、個体のそれぞれを、そしてすべての個体を記述することから始めるのでなければ、いったいどうやって種を構成するというのか、と。個体を、それも全個体を観察したあとでしか、規準は普遍的なものとして定立されえないのではないか、と。まさしくこの理由から、世人はしばしば、歴史学が個々の社会を研究して、有効に比較しうる十分に客観的で確定的な結果に達する、はてしなく遠い将来にまで社会学の樹立を延期するのがよい、と考えたのだ。

しかし、実際には、このような慎重な態度が科学的であるように見えるのは、うわべだけのことにすぎない。事実、科学が法則を打ち立てられるのは、その法則が示すあらゆる事実を検討したあとでしかありえないとか、属を構成できるのは、そこに含まれる個体について余すところなく記述したあとでしかありえない、などというのは正確さを欠いている。真の実験的方法は、むしろ、きわめて多数であるかぎりにおいて初めて論拠となるような、したがって常に疑念の余地の残る結論しかもたらしえないようなありふれた事実を、数の多少とは関わりなく、それ自身で科学的な価値と利点をもつ決定的な（*décisifs*）事実、つまりベーコンの言う決裁的な（*cruciaux*）事実[3]に置き換えることを目指すものである。とりわけ属や種を構成する場合は、そうする必要がある。なぜなら、一個体が有するあらゆる性質を網羅的に調べ上げることなど、できない相談だからだ。あらゆる個体は一つの無限であり、無限とは汲み尽くせないものである。最も本質的な属性に限定すれば、どうだろうか。しかし、どのような原理に従って、そのような属性を選び出せばよいのか。そのためには、個体を超えた基準、ということはつまり、最良のモノグラフでさえ提供しえないような一つの基準が必要だ。あえてそこまでは厳密に突きつめないとしても、分類の基礎となる属性の数が増せば増すほど、個々の事例におけるそうした属性の組み合わせ方はますます多様なものとなり、明確な群や下位群を構成しうるほどはっきりとした類似や際立った差異を示しづらくなることは、十分に予想されるところである。

いずれにせよ、この方法に従った分類が可能な場合でさえ、そこで得られた分類は、その存在理由である有用性を主張できるほどには役に立たない、というきわめて重大な欠陥をもつだろう。実際、分類の目的は、何よりもまず、際限のないほど多くの個体を限られた一定数の類型に置き換えることで科学的作業を簡略化することにあるはずだ。ところが、もしすべての個体を検討し、余すところなく分析したあとでなければ、このような類型を構成できない、ということになれば、この利点は失われてしまう。といって、分類が、すでになされた諸々の研究をおおざっぱにまとめ直すことにしかならないのであれば、それもまた研究を簡便化する役にはほとんど立たない。実のところ、分類というものが真に有用なものになるのは、分類がその基礎となった属性以外の属性を分類可能なものにする時、すなわち将来起こる諸々の事実に対する枠組みを与えてくれる時にほかならない。つまり、分類の役割とは、観察の指標を与えること、それも当の指標自身をもたらした観察とは別の観察に関連づけられるような指標を与えることである。しかし、そのためには、分類が、個体の全属性の完全無欠な目録に従ってではなく、数々の属性の中から細心の注意を払って選ばれた少数の属性に従ってなされなければならない。このような条件の下でなされた分類は、既成の知識をいくぶんか整理するのに役立つだけでなく、新たな知識を生み出す役にも立つことだろう。そして、この分類が観察者を導き、多くの段階を省いてくれるのだ。かくして、この原理に基づいてひとたび分類が確立されれば、ある事実がある種の中で普遍的であるか否かを知るために、この種に属するすべての社会を観察する必要はなくなるだろう。いくつかの社会で事足りよう。一つの法則を確立するためには適切に導かれた一つの経験だけで時に十分であるのと同様に、適切になされた一つの観察だけでも、多くの場合、十分に目的を達することができるのである。

そこで、われわれは、われわれの分類にとってとりわけ本質的であるような属性を選び出さなければならない、というのはそのとおりだ。なるほど、そのような属性は事実の説明が十分に進められたあとにしか知りえない。科学のこの二つの部分、すなわち分類と説明は緊密に結びついており、互いに他を待って進歩していくものである。しかしながら、事実の研究に非常に深く入り込まずとも、どのような側面から社会類型の特徴的な属性を探究すべきかを推測するのは難しくはない。実際、われわれはすでに、社会というものが互いに結びついたいくつもの部分から構成されているのを知っている。そして、結合の結果、生み出されるあらゆるものの性質は、必然的に、その構成要素の性質と数、また結合の様式によるのだから、こうした属性は明らかにわれわれの研究の基礎に据えなければならないものである。実際、のちに見るとおり、社会的生の一般的な事実がよっているのは、まさにこれらの属性なのだ。他方、これらの属性は形態学的次元のものであるから、社会類型を構成し、分類することを任務とする社会学のこの部門を、社会形態学と名づけることができるであろう。

この分類の原理をさらに精密なものにすることさえできる。実際、一社会の全体はこれを構成するいくつもの部分から形作られているが、この構成部分の各々もまた、より単純ではあるが社会であることは知られていよう。つまり、一つの民族は先行する二つまたはそれ以上の民族の結合から生み出されるのだ。したがって、もしかつて存在した中で最も単純な社会を知りえたとすれば、分類を行うためには、この最も単純な社会同士が互いに結合するさまを、そしてその結合の結果として生まれた社会がさらに互いに結合するさまをたどるだけでよいはずである。

二

スペンサー氏は、社会類型の系統的分類にはこれ以外の基盤などありえない、ということをよく理解していた。

彼は言う。「すでに見たとおり、社会の進化は単純で小規模な凝集から始まり、こうした凝集のいくつかが結合して、より大きな凝集になる、という形で進展する。そして、これらの集団は、堅固なものになったあと、他の同種の集団と結びつき、さらに大規模な凝集となる。したがって、われわれの分類は、一番目の社会から、すなわち最も単純な社会から始められなければならない[4]」。

あいにく、この原理を実践に移すためには、単純な社会なるものをどのように理解するのか、これを正確に定義することから始めなければなるまい。ところが、スペンサー氏は、この定義を示していないだけでなく、定義すること自体ほぼ不可能である、と判断しているのだ[5]。というのも、彼が理解する単純さとは、実際には、その本質において、組織のある種の粗雑さのことだからである。そもそも、社会的な組織が単純と言えるほど未発達なのはどの時点なのか、これを厳密に言うのは容易ではない。それはむしろ評価の問題なのだから。さらにまた、スペンサー氏がこれに与えている定式はあまりに融通無碍なものであり、あらゆる種類の社会にあてはまってしまう。彼は言う。「他のものに従属することなくして一つの全体をなし、公共の利益に関わる何らかの目的のために、調整機能をもつ中央の有無にかかわらず諸部分が協働する一社会、そのような社会を単純な社会と考える以上によい方法など存在しない[6]」。だが、この条件を満たす民族は数多く存在する。結果として、彼はこの単純な社会という項目の中に、ある種手当たり次第に、ほとんど文明化されていない社会をすべて一緒くたに混ぜ入れてしまった。彼の分類の出発点がこのありさまであることからして、残りのすべても想像できよう。すなわち、そこでは、まったく驚くべき混同がなされ、まったく異質な社会同士が結びつけられているのだ。例えば、ホメロス時代のギリシア人が一〇世紀の封土と並置されてバントゥー族やズールー族やフィジー族の下位に置かれ、アテナイ同盟が一三世紀フランスの封土と並置されてイロコイ族とアラウカニア族の下位に置かれる、といった具合である。

　実のところ、単純さという語は、部分というものの完全な欠如という意味以外には明確な語義をもちえない。ゆえに、単純な社会とは、その内部に自らよりも単純な他の社会を含まず、さらに、現在単一の環節になっているだけでなく過去において分化したと思われるいかなる痕跡も示さないような、そのようないっさいの社会として理解されなければならない。われわれが他所[7]で定義したホルド（*horde*）は、この定義に正確に合致する。ホルドとは、過去においても現在にあっても、その内部に自らよりも基本的な（élémentaire）他のいかなる凝集も含まず、何らの媒介項もなく直接に個人に還元されるような社会的凝集のことである。この集団の内部において、個人はホルド全体とは異なる個別の下位集団を形成することなく、いわば原子化された形で並置されている。これ以上に単純な社会がありえないことは理解されよう。つまり、ホルドとは社会的領域の原形質（protoplasme）であり、それゆえにあらゆる分類の自然的基盤をなすものである。

　なるほど、確かに、このような特徴に厳密に合致する社会など、歴史上おそらく存在しないだろう。しかし、先に引用した著書の中で示しておいたとおり、複数のホルドの反復的連結によって、直接に、他のいかなる媒介物もなく形成されている社会は数多く知られている。そのようにしてホルドが一全体社会であることをやめ、社会的環節の一つになると、名を変えてクランと呼ばれるようになるが、それでもその構成の特徴は変わらない。クランとは、実際上それより小規模ないかなる凝集にも還元されない一つの社会的凝集である。こう言うと、おそらく次のように指摘されるだろう。今日観察されるところでは、クランは一般に複数の個別家族を含んでいるではないか、と。しかし、第一に、ここで詳述することはできないものの、いくつかの理由から、そうした小規模な家族集団が形成されたのはクランが形成されたあとのことだと考えられる。第二に、そうした個別家族は政治的に区分けされたものではないのだから、厳密に言えば社会的環節をなしてはいない。クランは、それが見出されるところではどこでも、政治的領域における最終的な区分になっているものである。したがって、ホルドの存在を想定しうる事実を他に何も手にしていない時でさえ――いずれそうした事実を提示する機会は訪れるであろうが――クラン、すなわちホルドの連結によって形成された社会が存在する、という事実のみによって、固有の意味でのホルドに帰着する、より単純な社会が最初に存在し、ゆえにこのホルドこそがあらゆる社会種が生じる源である、と想定することが正当化されるのである。

このホルドという概念、すなわち単環節社会（société à segment unique）の概念がひとたび提示されれば――これを歴史的実在と解そうと、科学的公準と解そうと、いずれにしても――、社会諸類型の完全な尺度を構築するために必要な準拠点を得たことになる。これによって、ホルドについてはホルド同士が互いに結びつき、新たな社会を生み出す結びつき方の数と同じだけの、またこの新たな社会についてはそれら同士が結びつく結びつき方の数と同じだけの基本的な類型が識別されよう。最初に、ホルドないし（新しい名称で呼ぶのなら）クランの単なる反復的連結によって形成された凝集が見出されるだろう。つまり、そこで諸クランは、それらすべてを包含する全体的集団と各クランの間に媒介的集団を形成するような仕方では結びついておらず、ホルドにおける個人のように単純に並置されているにすぎない。単純多環節的（*polysegmentaires simples*）と呼びうるこのような社会の例は、イロコイ族やオーストラリアのいくつかの部族に見ることができる。また、アルク（*arch*）、すなわちカビール人の部族も同じ特徴を有しており、集落の形で固定された複数のクランの結合を形成している。さらに、歴史の上では、ローマのクリア（*curie*）やアテナイのフラトリア（*phratrie*）がこの種の社会だった時期があったことは確かなように思われる。これらの上位に位置づけられるのが、この種の社会の集合によって形成される社会、すなわち単純構成多環節社会（*sociétés polysegmentaires simplement composées*）である。イロコイ族の連合やカビール人の諸部族の結合によって形成された連合が、このような特徴を帯びている。のちに結合してローマの都市国家を生み出した最初の三つの部族（トリブス）の各々も、当初はこの同じ特徴をもっていた。次いで、二重構成多環節社会（*sociétés polysegmentaires doublement composées*）、すなわち複数の単純構成多環節社会の並存または融合の結果として生まれる社会が観察されるだろう。この例としてローマの都市国家を挙げることができる。これは諸部族の凝集であるが、部族自体は複数のクリアの凝集であり、さらにクリアは複数のゲンス（*gens*（pl. *gentes*））、つまりクランに分解される。また、ゲルマンの部族も同じ例に挙げられよう。ゲルマンのコンテ（comtés）は数百の部分に細分されるが、この各部分をさらに分割する際の最終単位は集落となったクランなのである。

さて、しかし、ここでの課題は種々の社会の分類を実際に行うことではありえないのだから、こうした粗描をこれ以上先に進め、さらに展開する必要はなかろう。この問題は非常に複雑であり、ここで事のついでに取り扱えるようなものではない。それどころか、長期にわたる専門的な研究の総体を前提とするものだ。われわれはただ、いくつかの例を挙げることで、概念を明確化し、方法原則がどのように適用されるべきかを示そうとしたにすぎない。それゆえに、右の解説ですら、下級社会の完全な分類をなすものと捉えられてはならない。それは事柄をより明晰なものにするために少々単純化したものだからだ。例えば、われわれは、すべての上位の類型は同じ類型に属する社会の反復によって、すなわち自らの直下の類型に属する社会同士の反復的連結によって形成されている、と仮定した。しかし、社会類型の系統樹において異なる高さに位置づけられる異種の諸社会が結合し、新たな種を形成する、ということも決してありえないことではない。われわれはそのようなケースを少なくとも一つ知っている。すなわち、これ以上ないほど多種多様な性質をもつ諸民族を自らの内部に包含していた、あのローマ帝国である(8)。

それでも、ひとたびこうした社会類型が構成されたなら、次には、その社会を形成するのに与《あずか》った諸々の環節社会が一定の個別性を保持しているか、それとも反対に全体の中に吸収されているか、その程度に応じて各々の類型の内部にさまざまな変種を区別してしかるべきだろう。実際、社会現象が、その構成要素の性質のみならず、構成の様式にも応じて変化するに違いないということ、とりわけ部分的集団の一つ一つがそれぞれに特有の生活を維持するか、それともそれらすべてが全体の生活の中に取り込まれるかに応じて、つまり集中化の緊密さの度合いに応じて非常に多様な姿を見せるに違いないということ、こうしたことは理解されよう。したがって、ある時点において、これら諸環節の完全な融合が生じているか否かを調べなければならないだろう。その際には、ある社会を構成する元となった諸環節が、もはやその社会の行政組織や政治組織に影響を与えていない、という事実が指標となり、完全な融合の存在が認識されることになろう。この視点を用いれば、都市国家はゲルマンの部族からはっきりと区別される。すなわち、後者ではクランを基盤とする組織が弱まりはしたものの部族の歴史の最後まで維持されたのに対して、ローマやアテナイではゲンスやゲノス（γένος（pl. γένη））は非常に早い時期から政治的区分であることをやめ、私的な集団になっていったのである。

　このように構成された枠組みの内部に、二次的な形態学的特徴に従って新たな区分を導入するよう試みることもできよう。しかしながら、のちに述べる理由により、その新たな区分が今示した概括的な区分以上に役に立つとは、まず考えられない。さらに言えば、われわれとしては、そうした細部に入り込む必要はなく、ただ分類の原則を次のように提示しておけば十分である。すなわち、完全に単純な、または単環節の社会を分類の基礎として、諸社会が示すその結合の度合いに従って、それらの社会を分類することから始める。次いで、そうして構成された各次元の内部に、最初の諸環節が完全な融合を果たしているか否かによって、さまざまな変種を区別する。

三

われわれがさまざまな社会種の存在を直接に立証することなく、それらが事実、存在するかのように語っていることに対して、読者はおそらく疑問を感じるだろう。しかし、右の規準は、暗黙のうちに、すでにこの疑問に答えているのだ。というのも、社会種の存在証明は、今提示した方法原則そのものの内に含まれているのだから。

実際、今見たとおり、社会とは、元となる同一の社会がさまざまに異なる形で結合したものにほかならない。他方で、同一の要素同士が結びつき、さらにその結合物同士が結びついていく際の結合の様式の数は無限ではない。とりわけ構成要素の数が非常に少ない場合には、限られた数の様式にならざるをえない。そして、まさに社会的環節の場合が、これにあたるのだ。ゆえに、社会的環節を結合させうる様式の範囲は限られており、したがってその結合の大部分は少なくとも一度は繰り返されざるをえない。こう考えてくると、社会種が存在することもうなずける、というわけだ。もっとも、こうした結合のうち若干のものは、ただ一度しか生じないということもありえないわけではない。しかし、だからといって、社会種が存在しないということにはならない。このような場合は、ただ、その種には一つの個体しか含まれない、ということになろう(9)。

したがって、生物学において種が存在するのと同じ理由から、社会種が存在すると言うことができる。というのも、生物学上の種は、有機体が単一の解剖学的単位のさまざまな結合にほかならない、という事実に基づいているのだから。とはいえ、この観点から見た場合、生物学的領域と社会的領域の間には一つの大きな違いが存在する。実際のところ、動物には、その種としての属性に他にはない抵抗力を与える一つの特殊な要因がある。つまり、生殖である。種としての属性というものは、祖先の全系統に共通であるため、有機体の内に非常に強固に根差している。だから、この属性は、個体が生きる環境の作用によって簡単に損なわれるようなことはなく、外界の状況がさまざまであっても自らは変わらず同じままであり続ける。外部から来て変化を促す刺激に抗《あらが》って、種としての属性を固定する内的な力が存在するのだ。つまり、遺伝による習性の力である。これがために、動物種の属性は明確に定義されており、また厳密に規定されうるのだ。ところが、社会的領域では、種の属性にこの内的な動因が欠けている。つまり、社会種の属性は一世代しか持続しないため、生殖によって強化されえないのだ。実際、新たに生み出された社会は、これを生み出した社会とは別の種に属するのが通例である。生み出した側の社会が互いに結合することで、まったく新しい組成が誕生するのだから。ただ植民だけは発生による生殖と類似し、比較可能である、と言えるかもしれない。だが、そのような同一視が厳密なものであるためには、植民者の集団が自らとは異なる種や変種に属する社会と混じり合っていきなどしないことが絶対の条件である〔が、そのようなことはありえない〕。ゆえに、社会種の弁別的属性が、個体〔個々の社会〕に起こる変異に抵抗できるだけの力の増強を遺伝から受け取ることはないのである。それどころか、この属性は、周囲の状況が及ぼす影響に応じて無限に変化し、数えきれないほどの微妙な差異を示すようになる。そのため、これを捕捉しようと望んでも、これを覆っている変異をひとたびすべて取り除いてしまえば、多くの場合、きわめて不確定な残滓が得られるにすぎない。この不確定性は、当然のことながら、属性の複雑さが増すにつれて、より大きくなる。なぜなら、ある一つのものが複雑であればあるほど、それを構成する諸部分はいっそう多様な結合を形成できるからである。その結果として、社会学における種の類型は、最も一般的で最も単純な属性を除けば、生物学における種の類型ほど明確な輪郭を示すには至らないのである。(10)

原注

(1) 私がこのように呼ぶのは、唯名論が歴史家たちに頻繁に見られたからだが、すべての歴史家にこれが見出されると言いたいわけではない。
(2) 『実証哲学講義』IV、二六三頁。
(3) 『ノヴム・オルガヌム』II、第三六節。
(4) 『社会学原理』II、一三五頁。
(5) 「単純な社会がどのように構成されているかについては、必ずしも正確に述べることはできない」(同書、一三五―一三六頁）。
（6）同書、一三六頁。
（7）『社会分業論』一八九頁。
（8）とはいえ、一般的には、ローマ帝国を構成する諸社会の間の隔たりはそれほど大きなものではありえなかったようだ。さもなければ、それらの社会の間にはいかなる道徳的共通性も存在しえなかったであろう。
（9）ローマ帝国の場合がこれにあたるのではなかろうか。この帝国は確かに歴史上類例のないものに見える。
（10）本書の第一版〔一八九五年〕のためにこの章を執筆した時には、社会をその文明の状態に従って分類する方法にはまったく触れなかった。実際のところ、当時は、明らかに時代遅れだったコントによるものを除けば、権威ある社会学者によって提案されたこの種の分類法は、おそらく存在しなかったのだ。その後、この方面でいくつかの試みがなされた。中でも、特に、フィーアカント（A. Vierkandt）（「人類の文化類型（Die Kulturtypen der Menschheit）」、『人類学雑誌（*Archiv für Anthropologie*）』一八九八年）、サザーランド（A. Sutherland）（『道徳的本能の起源と発達（*The Origin and Growth of the Moral Instinct*）』）、シュタインメッツ（S. R. Steinmetz）（「社会類型の分類（Classification des types sociaux）」、『社会学年報（*L'Année sociologique*）』Ⅲ、四三―一四七頁）を挙げることができる。それでも、議論をここでやめるべきではなかろう。本章で提起された問題が、これらの試みによって解かれたわけではないのだから。これらの試みの中では、実際には社会種は分類されていない。それとは大きく異なるもの、すなわち歴史の諸段階が分類されているのだ。例えば、なるほどフランスは、その始まり以来、非常に異なる数々の文明形態を経てきた。農業に始まり、次いで手工業と小商業、さらに工場制手工業（マニュファクチュア）、最後には大工業へ、という具合である。しかし、だからといって、同じ一つの集合的個性が三度も四度も種を変えるなどということは、およそ考えられない。種というものは、もっと恒常性のある属性によって定義されなければならない。経済の状態や技術の状態といったものは、あまりに不安定かつ複合的な現象として現れるので、分類の基盤としては役に立たない。それどころか、同一の産業的、科学的あるいは芸術的文明が、元来の構造を大きく異にする複数の社会の中に等しく見出されることさえ大いにありうる。例えば日本は、われわれ西欧から芸術や産業を、さらには政治組織さえ取り入れることができるだろう。だが、だからといって日本がフランスやドイツと同種の社会になるわけではなかろう。なお、こうした試みは、優秀な社会学者たちが主導したにもかかわらず、曖昧で異論の余地のある、またほとんど有用性のない結果しかもたらさなかった、ということも付け加えておこう。

第五章　社会的事実の説明に関する規準

だが、種を構成するとは、何よりもまず、諸事実をその解釈の助けとなるように類別する手段にすぎない。つまり、社会形態学は、科学の真に説明的な部分への歩みの一段階にすぎないのだ。では、その説明的な部分における固有の方法とは、どのようなものであろうか。

一

大部分の社会学者は、ある現象が何の役に立っているのか、どのような役割を果たしているのかが明らかにされさえすれば、その現象についての説明はなされたものと思っている。彼らは、現象がまるでそうした役割のためだけに存在しているかのように、そして現象が果たすべき寄与についての明確な、あるいは混乱した感情を措いて他に決定原因などないかのように考えている。そのため、そうした寄与が実在することを確かめ、それが満たしている社会的要求《ニーズ》を明らかにしたとき、それで現象を理解可能なものにするために必要なことはすべて言い尽くした、と思ってしまうのだ。まさにそのようにして、コントは人類の進歩の原動力をすべて、「直接に人間を駆り立て、あらゆる条件をあらゆる面において絶えず改善するよう追い立てる」[1]という例の基本的性向に帰着させた。同様に、スペンサー氏は、より大きな幸福に対する欲求《ニーズ》に帰着させる。そして、まさにこの原理を基にして、協働がもたらす種々の有利さによって社会の形成を説明し、また軍事的協働の統制における有益さによって統治機構を説明し[2]、さらには親と子と社会の利益をますます完全に調整しようという欲求《ニーズ》によって家族の変容を説明するのである。

だが、この方法は、ずいぶんと異なる二つの問題を混同している。ある事実が何の役に立っているのかを明らかにすることは、その事実がどのように生じ、またそれがどのようにして現在の姿になっているのかを説明することと同じではない。なぜなら、その事実が果たす役割とは、その事実特有の属性を前提とするが、しかしその事実自体を生み出すものではないからである。われわれが物に対して何かを要求《ニーズ》するからといって、それでその物をあれやこれやの姿にできるわけではない。したがって、そのような要求《ニーズ》が無から物を引き出し、これに存在を与えることなど、ありえようはずもない。物がその存在を維持するのは、これとは別種の原因によるのだ。確かに、物が示す有用性についてわれわれが抱く感情が、そうした原因を利用するようにわれわれを促して、その原因に内包されていた結果が引き出される、ということはありうる。だが、そうした結果とて、無から生じるわけではない。この命題は、物質的現象に関するかぎり自明であり、さらに心理学的現象に関してさえ自明だと言える。そして、社会的事実に関しても、その極度の非物質性ゆえに固有の実在性というものをいっさい欠いているなどと誤解されなければ、この命題は社会学においても異論なく認められよう。一般に、人は社会的事実の内に純然たる心的結合しか見ないため、その事実が少なくとも有用性をもつと認められ、これについての観念が得られるとただちに、その事実はおのずから生じるものに違いない、と考えてしまう。だが、社会的事実の各々は、われわれ各人の力を凌駕する一つの力であり、また各々固有の本性をもっているのだから、単にそれを欲し、意志するだけで、これに存在を付与することはできまい。そのためには、さらに、この特定の力を生み出しうる諸力が、この特殊な本性（nature）を生み出しうるような諸々の性質（natures）が与えられていなければならない。ただこの条件の下においてのみ、社会的事実は存在しうるのだ。例えば、家族精神が弱まっているところでこれを再び活気づけるためには、家族精神の有益さを皆が理解するだけでは足りない。さらに、ただそれのみがこの精神を生み出しうるような原因を直接に作用させる必要がある。また、政府というものには欠かせない権威をこれに付与するためには、その必要性《ニーズ》を感じるだけでは足りない。さらに、あらゆる権威の比類なき源泉に訴えること、すなわち伝統や共通精神といったものを構成することが必要である。さらにまたそのためには、因果の連鎖をずっと遡って、人間の行為が効果的に介入しうるポイントを見つけることが必要なのである。

　この二種類の探究の二元性を如実に示しているのが、次の事実である。すなわち、ある一つの事実が、もともと特に死活的な目的には向けられていなかったか、あるいはかつては有用だったが、その後いっさいの有用性を失って、ただ習慣の力のみによって存続しているか、いずれにせよ何の役にも立つことなく、それでいて存在しうるということ、これである。実際のところ、こうした残存物は、有機体の中よりも社会の中にずっとたくさん認められる。一つの慣行が、あるいは一つの社会制度が、その本性を変化させることなく、しかしその機能を変化させて存続する場合さえある。例えば、「合法の婚姻の告ぐる者が父なり（*is pater est quem justae nuptiae declarant*）」という規定は、古代のローマ法に含まれていたまま、現代のわれわれの法典にも形としては残っている。だが、この規定は、かつては嫡出子に対する父親の所有権を守るためのものだったのに、今日ではむしろはるかに子どもの権利を守っているのである。また、宣誓というものは、もともと神明裁判の一種として始まったが、のちに正式かつ厳《おごそ》かな、しかし単なる証言の一形式となった。確かに、キリスト教の教義は何世紀もの間、変化していない。だが、それがわれわれの生きる近代社会の中で演じている役割は、もはや中世におけるその役割と同じものではない。つまり、言葉はその文字面を変化させることなく、新たな観念を表現するために用いられるのである。さらに言えば、器官はその機能から独立しているという命題、すなわち器官はまったく同じままでありながら、さまざまな異なる目的に役立ちうる、という命題は、生物学においてと同様、社会学においても真なのだ。ゆえに、ある器官を生み出す原因は、その器官が役立つ目的から独立したものなのである。

そうだからといって、人間の種々の性向、要求《ニーズ》、欲望といったものが社会の進化に能動的な形で介入することはありえない、などと言いたいわけではない。むしろ、逆に、そうしたものが事実を規定する条件に対して影響を与えるその仕方に応じて、社会の発展が促進されたり抑制されたりしうることは確かである。ただ、いかなる場合であれ、それらが何ものかを無から生み出すことはありえないというだけでなく、そのような介入それ自体も、結果がいかなるものであれ、〔アリストテレスの言う〕始動因（causes efficientes）の働きがなければ生じえないのだ。実際、例えば人間の性向というものは、それが一から十まですべて新しく構築されたものであれ、あるいはそれに先立つ性向の何らかの変容によるものであれ、いずれにせよそれ自体が新しいものでなければ、右の限られた範囲においてさえ、新しい現象の生成に関わることはできない。なぜなら、正真正銘の神の摂理による予定調和でも前提としないかぎり、人類がその起源からずっと、進化が進むのに応じてその発現に最適の時期が感知されるはずのあらゆる性向を、潜在的にではあるが環境の要請によっていつでも呼び起こされるようすっかり準備された状態で自らの内に孕んでいた、などということを認めることはよもやできないからである。ところで、この性向というもの、これもまた一つの物である。ゆえに、われわれが有用だと判断するだけで、それがおのずから形成されたり変形したりすることはありえない。それは固有の本性をもつ一つの力なのだ。この本性を発現させたり変化させたりするには、われわれが何らかの利点をそこに見つけるだけでは不十分なのだ。そうした変化を引き起こすには、物の理《ことわり》として、その変化をともなうような原因の作用が必要なのである。

例えば、われわれはかつて社会的分業の絶えざる進歩を、次のように示し、解き明かした。すなわち、歴史上、人間の進歩に応じて身を置くようになる新しい生存条件の中で人間が自らを維持し続けるには、この分業の進歩が不可欠である、と。そうして、われわれは、われわれ自身の説明において、一般にかなり不適切にも自己保存本能と呼ばれている例の性向に一つの重要な役割を付与したのである。しかし、第一に、この性向は、それ単独では、専門化というものを、その最も初歩的なものでさえ説明することができない。というのも、もし専門化という現象が依存している条件がこれに先立って実現されていなければ、つまり共通意識と遺伝的影響が次第に決定的なものでなくなり、その結果として生じる個人間の差異が十分に増大していなければ[3]、この性向はまるで何もできないのだから。そもそも、分業の有用性が見出され、その必要性《ニーズ》が感じられるためには、その時点ですでに分業が存在し始めていなければならなかった。そして、その最初の帰結は、必然的に、個人の多様性の発達によってのみ、つまりは個人の好みと能力のいっそう大きな多様性によってのみ生み出されたに違いないのである。だが、さらに自己保存本能は、自ら進んで、理由もなく専門化のこの最初の胚種を受胎させたわけではない。自己保存本能がこの新たな道に自らとわれわれを方向づけたのは、何よりもまず、それまでこの本能がたどり、またわれわれをたどらせた道が塞《ふさ》がれたように感じられたからである。つまり、社会の密度の増大によって競争が激化したために、非専門的で一般的な仕事に携わり続けた個人が生き残るには、ますます困難になったのだ。ゆえに、自己保存本能が方向を転じることは必然であった。他方、この本能が向きを変え、分業の絶えざる進展という方向へ特にその活動を向けたのは、それが最も抵抗の少ない方向でもあったからである。他にとりうる解決策といえば、移民、自殺、犯罪であった。だが、通常われわれを自分の祖国や自分の命に結びつけている絆や、われわれが自分の同胞に対してもっている共感というものは、さらに狭い諸領域への専門分化に背を向けさせうるような種々の習慣に比べて、より強力で、より頑強な感情である。だから、進歩が生じるたびに不可避的に地歩を譲らざるをえなかったのは、そうした習慣のほうだったのである。このように、われわれは人間的な要求《ニーズ》が社会学的説明の中で一定の位置を占めることを認めないわけではないのだから、たとえ部分的にせよ、目的論（finalisme）に逆戻りするものではない。というのも、そのような要求《ニーズ》が社会の進化に影響を与えうるのは、この要求《ニーズ》自身が進化するという条件においてのみであり、またその際この要求《ニーズ》がこうむる変化は、何らの目的ももたない原因によってのみ説明されうるからである。

だが、こうした考察にもましていっそう説得的なのは、社会的事実が実際に働くさまそのものである。目的論が支配するところでは、同時に多少とも広範囲な偶発性が支配する。というのも、すべての人間が同じ環境に置かれたと仮定してさえ、それらすべての人間に必然的に課されるような目的など、ましてや手段などは存在しないからである。各個人は、同一の環境が与えられても、それぞれの気質に従って、それぞれが最も好む仕方で、その環境に適応するものだ。ある者は自らの要求《ニーズ》に適合するように環境のほうを変えようと試みるだろうし、他の者はむしろ自分自身を変えて、自分の要求《ニーズ》のほうを抑えることを好むであろう。同一の目標に達するのに、何と多くの異なる道がありえ、また実際にたどられていることか！　だから、もしも歴史の展開とは明瞭に、あるいは漠然と感知される目的に向かって進行するものであるというのが真実なら、社会的事実はこれ以上にはありえないほどの無限の多様性を示すに違いなく、ゆえにその比較などほぼ完全に不可能となるに違いない。だが、その逆こそが真実なのだ。もちろん、その織りなす連関が社会的生の表層的な部分を構成しているにすぎない諸々の外面的な出来事は、民族によってさまざまに異なっている。しかし、それは身体的および精神的組織の基盤は全員同じであるにもかかわらず、各個人がそれぞれ固有の歴史をもっているのと同じである。実際のところは、社会現象との接触をわずかでも始めれば、これとは逆に、そうした社会現象が同じ環境では見事な規則性をもって繰り返し生じていることに驚かされるのだ。限りなく些細で、見かけ上は限りなくたわいない慣行でさえ、あまりにも見事な画一性をもって繰り返されるのである。例えば、花嫁の掠奪のような、まったく象徴的なものにすぎないように見える婚礼の儀式は、ある種の家族形態がある種の政治組織全体と結びついて存在しているところなら、まさしくどこにでも見出される。また、クーヴァード〔擬娩《ぎべん》〕、レヴィレート〔嫂婚《そうこん》、兄弟逆縁婚〕、外婚制などといった、この上なく奇妙な慣習も、まったく異なるさまざまな民族において観察され、ある種の社会状態の徴候になっている。さらに言えば、遺言の権利というものは歴史のある特定の段階に出現するため、これに対する制限の厳しさの度合いによって、現在われわれが社会進化のどの時期に置かれているのかを言い当てることもできる。このような事例は暇《いとま》なく挙げられよう。かくして、もし仮に社会学において、人が言うような優位性を目的因（causes finales) が有しているのなら、集合的形態のもつこのような一般性は説明不可能であろう。

　したがって、社会現象の説明を企てるにあたっては、その現象を生み出す始動因とその現象が果たす機能は切り離して探究されなければならない。そして、われわれとしては、目的 (fin) や目標 (but) という語よりも、むしろ機能 (fonction) という語を用いたい。というのも、正確に言って、社会現象というものは、一般的にはそれが生み出す有益な結果のために存在するのではないのだから。確定しなければならないのは、考察対象である事実と社会有機体の一般的要求《ニーズ》との間に対応関係が存在するのかどうかであり、またこの対応関係が何から構成されているのかであって、この関係が意図されたものであるのか否かを気にかける必要はない。さらに言えば、このような意図に関する問題はすべて、あまりにも主観的なものであり、科学的には取り扱えないのである。

　この二種類の問題〔始動因の問題と機能の問題〕については、単に両者を切り離さなければならないだけでなく、前者の問題を後者より先に取り扱うのが一般に都合がよい。実際のところ、この順序は事実の順序に対応している。現象の原因を探究したあと、その結果を確定するよう努めるのは自然である。また、ひとたび第一の問題が解決されれば、それがしばしば第二の問題の解決に役立つだけに、いっそうこの方法は理にかなっていると言える。実際、これまで十分に認められてこなかったことだが、原因と結果を結びつけている紐帯は相互性という性格をもっている。結果が原因なくしてはありえないことに疑いの余地はないが、逆に原因の側もまた結果を必要とするのだ。結果はそのエネルギーを原因から引き出すが、それだけでなく、機会に応じて結果はそのエネルギーを原因へと戻す。ゆえに、結果が原因に影響を与えることなく消滅する、ということはありえないのである。[4] いくつか例を挙げよう。刑罰を構成する社会的反作用は、犯罪が傷つける集合的感情の強度によっている。というのも、他方で、刑罰はこの感情を同じ強度に維持するという有用な機能をもっている。というのも、もし集合的感情に対する侵害が罰せられなければ、この感情は遠からず減弱するであろうから。[5] これと同様に、社会的環境がより複雑になり、より流動的になるにつれて、既存の伝統や信念は揺らぎ、何かしらより不明確で、より柔軟なものとなり、他方では人々の自ら反省する能力が発達する。だが、この同じ能力は、社会にとっても個人にとっても、より流動的で、より複雑な環境に適応するために不可欠のものなのだ。[6] さらに、人々がより密度の高い労働を提供することを強いられるようになるにつれて、労働の生産物は増大し、またその質は向上する。だが、より豊富で、より良質なこれらの生産物は、強度を増した当の労働を引き出すために支払われた労力を回復させるために必要なのだ。[7] かくして、社会現象の原因は、その現象が果たすことを求められている機能について頭の中で考えた予想から成っているわけではまったくない。反対に、少なくともたいていの場合、その社会現象を生み出した先行原因を維持することが、その機能なのだ。よって、原因がすでに知られていれば、機能はむしろ容易に見出されよう。

だが、機能の決定は、第二段階として実施されなければならないとしても、現象の説明の完成に必要であることに変わりはない。実際、事実の有用性がその事実を存在させるのではないとしても、それが存在を維持しうるためには、一般的にはそれが有用なものである必要があろう。なぜなら、事実が何の役にも立たないということは、何ももたらすことなくコストだけがかかるということであり、それだけで十分に有害だからである。だから、仮に社会現象の大部分がこのような寄生的な性格を帯びているとしたら、〔社会〕有機体の収支は赤字になり、社会的生は不可能になるだろう。したがって、社会的生に対して満足な説明を与えるためには、その素材である諸現象が相互にどのように作用し合うことで、社会がそれ自身の均衡をとり、また社会の外部との均衡をとっているかを示す必要がある。むろん、生命というものは内的環境と外的環境の応答であるとする、よく見られる定式は厳密なものではない。それでも、おおよそのところでは、この定式は正しく、ゆえに生命界に属する事実を説明するためには、その事実が依存している原因を示すだけでは不十分なのである。そのためには、さらに、少なくとも大部分の場合において、そのような一般的均衡の確立においてその事実に帰せられる役割を明らかにする必要があるのだ。

二

以上、二つの問題を区別した上で、次はそれらを解決するための方法を規定しなければならない。

一般に社会学者が用いている説明方法は、目的論的であると同時に、本質的に心理学的である。この二つの傾向は互いに緊密につながっている。実際、もし社会というものが一定の目的のために人間が設定した諸手段の一体系でしかないとすれば、その目的は個人的なものでしかありえない。なぜなら、社会に先立つものとしては個人しかありえないのだから。ゆえに、社会の構成を規定した観念や要求《ニーズ》が発せられるのは個人からになるし、もしすべてが個人に由来するのだとすれば、必然的にすべては個人によって説明されなければならない。それに、社会の中には個々人の意識以外の何ものも存在しないのだから、あらゆる社会進化の源泉は個々人の意識の中にあることになる。かくして、社会学の法則は、より一般的な心理学の法則の一つの系でしかありえないことになる。そして、集合的生についての最上の説明とは、それがいかにして人間本性一般から発しているのか、事前の観察なくこの本性から直接に演繹するのであれ、この本性を観察したあとに集合的生を関係づけるのであれ、いずれにせよ、それを明らかにすることになる。

さて、以上は、ほぼそのまま文字どおり、オーギュスト・コントが自らの方法を特徴づけるために用いた言葉である。彼は言う。「先に確認したとおり、社会現象とは、全体として考えれば、根本的には、何らかの能力のいかなる創造も含まれない、人間性の単なる展開にほかならないのだから、社会学的観察によって漸次明らかにされるであろう諸々の結果の骨子は、社会学に先立って生物学が構築してくれた、あの原初的類型の中に、少なくとも萌芽的には見出されるに違いない」[8]。つまり、彼は次のように論じるのだ。社会的生における支配的事実は進歩であり、他方、この進歩は人をして次第にその本性を発達させるように促す性向という、ひたすら心的な要因に負っている。そしてまた、社会的事実は人間本性からまさしく直に由来しさえするのだから、歴史の初期段階であれば、社会的事実は、必ずしも観察によらずとも、同じく人間本性から直接に演繹されうる、と。[9]確かに、この演繹的方法は進化の進んだ段階には適用できないことはコント自身も認めている。ただ、彼にとって、この不可能性は純粋に実践上のものにすぎない。すなわち、出発点と到達点の距離が開きすぎたために、人間の精神が手引きなしでこれをたどろうとすれば道に迷ってしまう恐れがあるがゆえの不可能性なのだ。[10]だが、それでも人間本性の根本法則と進歩の究極的な結果との関係が分析不能になるわけではない、とコントは主張する。文明の最も複雑な形態であっても、心的生の発達に由来するものには違いないのだから、と。さらに、心理学の諸理論は、社会学的推論の前提としては不十分な場合であっても、帰納的に定立された命題の妥当性を検証しうる唯一の試金石だとされる。コントは言う。「社会の継起に関するいかなる法則も、たとえ可能なかぎりの権威をもって歴史的方法によって示されたとしても、直接的であれ間接的であれ、いずれにせよ異論の余地のない仕方で人間本性の実証的理論に合理的に結びつけられたあとにしか、最終的に認められてはなるまい[11]」。結局、最後にものを言うのは常に心理学なのだ。

以上の方法は、スペンサー氏が用いたものでもある。実際、彼によれば、人間を取り巻く外界[12]（milieu cosmique）と個人の身体的および精神的構造が、社会現象の二大基本要因である。だが、前者は後者を経由してしか社会に影響を及ぼしえないため、つまりは社会進化の本質的な動因は後者だということになる。他方、社会が形成されるのは個人がその本性を実現できるようにするためであり、社会が経るあらゆる変化は、この実現をより容易で、より完全なものにすること以外の目的をもたない。スペンサー氏が、社会的組織に関するいかなる研究を行うのにも先立って、その著書『社会学原理』の第一巻のほぼすべてを未開人の身体、情動、知性の研究に割くべきだと考えたのは、まさしくこの原理に立ってのことである。彼は言う。「社会学という科学は、先述の諸条件に従うような、身体的、情動的、知性的に構成され、また早い時期に獲得された観念およびそれらに対応する感情を有するような社会的単位から始まる」[13]。そして、彼はそうした感情のうち生者に対する恐れと死者に対する恐れという二つの感情に、政治的支配と宗教的支配の起源を見出すのである[14]。なるほど、彼は社会がひとたび形成されると、それが個々人に対して反作用を及ぼすことを認めている[15]。だが、彼はたとえごくわずかなものであれ社会が直接に社会的事実を生み出しうる、とは言わない。つまり、この観点から見れば、社会は、それが個人の内に引き起こす変化を媒介としてしか原因としての効力をもたないのである。だから、いっさいが生じ来たるのは、常に、未開のものであれ進歩したものであれ、いずれにせよ人間本性から、ということになる。その上、社会体がその成員に及ぼすこの作用には、何らの特殊性も与えられていない。というのも、政治的な目的とは、それ自体としては何ものでもなく、ただ単に個人的な目的を要約して表現したものにすぎない、とスペンサー氏は考えているからだ[16]。それゆえ、このような社会体の作用は、個人的活動の一種の自己回帰でしかありえないことになる。とりわけ、個人からいっさいの社会的拘束を取り去って、個人を自分自身に、そしてその自然な衝動に還元することをまさに目的とする産業社会では、この作用がどのようなものから成っているのかを知ることなど、できようはずもない。

このような原理は、一般社会学のこうした壮大な学説の根底にあるだけでなく、非常に多くの個別理論に対しても同様に示唆を与えている。例えば、通常、家族という組織は、両親の子に対する、また子の両親に対する感情によって説明されているし、婚姻の制度は、婚姻が夫婦およびその子孫にもたらす有利さから説明されている。同じく、刑罰は個人の利益に対するあらゆる重大な侵害がその個人の内に惹起する怒りによって説明される。また、経済学者が、とりわけ正統派経済学者が理解し、説明するような経済生活は、すべて結局のところは富に対する欲望というまったく個人的な要因に支えられている。道徳については、どうだろうか。そこでは、個人の自分自身に対する義務が倫理の基盤とされている。宗教については？　それは自然の大いなる力あるいはある非凡な人格が人間の内に呼び覚ます印象から生み出されたものとみなされる、等々、こうした例は枚挙に暇がない。

しかし、このような方法を社会現象に適用すると、その本来の性質が損なわれてしまう。その証拠としては、われわれが社会現象というものに与えた定義を参照するだけでよい。社会現象の本質的な属性は、個人意識の上に外部から圧力をかける力にあるのだから、社会現象は個人意識から生まれるものではなく、ゆえに社会学は心理学の一つの系などではない。というのも、社会現象は、力ずくで、あるいは少なくとも程度の差はあれ、われわれの上に重圧をかけることによってしか、われわれの内に入り込むことができないのだから、この拘束的な力というものは、社会現象がわれわれ個人の性質とは異なる性質を示すものであることを証明しているからである。もし仮に社会的生が個人的存在の延長でしかないとすれば、それがこのように〔個人という〕源泉に遡り、むりやりそこに侵入する、などということはありえまい。個人が社会的に行為し、感じ、考える時に服従する権威は、それほどまでに個人を支配するのだから、それはつまり、この権威が、個人を超えた、したがって個人では説明のつかない諸力の産物である、ということである。個人がこうむるこの外的な圧力は、個人に由来しうるものではないのだ。ゆえに、この圧力を個人の内に生じるものから説明することなどできようはずはない。確かに、われわれが自分自身を拘束するということもできないわけではない。われわれは、自身の性向、習慣、さらには本能でさえ抑えることができるし、抑制（inhibition）することでそれらの進展を止めることもできる。だが、この抑制の動きは、社会的拘束をなしている動きと混同されてはなるまい。その過程において、前者は遠心的であるのに対して、後者は求心的だからだ。つまり、前者は個人意識の内で入念に作り上げられたのちに外在化されていくのに対して、後者は当初、個人に対して外在し、次いで外側から、自らのイメージどおりに個人を彫刻していくのである。ゆえに、抑制とは、社会的拘束がその心的効果を発揮する手段である、と言いたければ言ってもよい。だが、そうだとしても、抑制は社会的拘束と同じものではないのだ。

さて、個人が除外された今、残るものは社会のみである。ゆえに、社会的生の説明を求めて赴くべき場所は、社会それ自体の性質の中になる。実際、社会は時間的にも空間的にも個人を無限に超えているのだから、社会は自らの権威をもって定めた（consacrer）行為と思考の様式を個人に課すことができるということは容易に理解されよう。この圧力こそ、社会的事実の弁別的な指標であるこの圧力こそ、全体が各個の上に及ぼす圧力なのである。

しかし、次のような反論はあるだろう。すなわち、社会を形成する唯一の要素は個人なのだから、社会学的現象の最初の起源は心理学的なものでしかありえない、と。だが、この論理をとってしまうと、まったく同様にして、たやすく生物学的現象は無機的現象から分析的に説明されると言えることになる。実際、生物の細胞の内には無機そのままの分子しか存在しないことは確かだ。ただし、それらの分子は結合しており、その結合こそが生命というものを特徴づけている、この新たな現象〔生物学的現象〕の原因なのである。そして、この新現象は、結合している諸要素のいずれの内にも、その萌芽すら見出すことはできない。というのも、全体とは部分の総和と同じものではないからだ。全体とは、これとは別の何ものかであり、その属性は全体を構成する諸部分が示す属性とは異なる。結合（association）とは、しばしばそう考えられてきたような、既得の事実と既定の属性を外面的につなぎ合わせるだけの、それ自体では何も生み出さない一現象などではない。反対に、それは諸物の進化の過程全般において不断に生じてきた、あらゆる新たなものの源泉なのではなかろうか。下等な有機体と他の有機体との間に、有機的な生体と単なる原形質との間に、またこの原形質とそれを構成する無機の分子との間に、結合の違い以外にどんな違いがあるだろうか。確かに、こうした存在はすべて、究極的には性質を同じくする諸要素に還元される。だが、それらの要素は、あるところでは単に並存していても、他のところでは結合している。それも、あるところではある様式で結合し、別のところでは別の様式で結合しているのである。さらに言えば、この法則は鉱物界にまで貫かれているのではないか、無機の物体を互いに分かつ相違もこの同じ起源をもっているのではないか、とさえ問うことができるだろう。

この結合の原理によって、社会は単なる個人の総和であるのをやめ、諸個人の結合によって形作られた、それ固有の性質をそなえた独特の実在性を示す体系（système）になる。なるほど、確かに、個別的意識が与えられていなければ、集合的なものなど何も生じえない。だが、それは必要条件ではあっても、十分条件ではない。さらに、そうした個別意識が結合し、化合すること、それもある一定の様式で化合することが必要だ。そして、この化合（combinaison）からこそ、社会的生が生じる。ゆえに、社会的生を説明するものは、まさにこの化合なのである。個々人の魂は、凝集し、相互に浸透し、融合することによって、心的と呼びたければ呼んでもよいが、あくまでも新種の心的個性（individualité psychique d'un genre nouveau）をなす一つの存在を生み出す[17]。だから、そこに生じる諸事実の直接的で決定的な原因は、構成単位〔である個々人〕の性質にではなく、この〔新種の〕個性の性質の内に探究されなければならない。集団は、その成員がもしそれぞれ孤立していたらそうするであろう仕方とはまったく異なる仕方で、考え、感じ、行為する。ゆえに、もしこの孤立した成員から探究を始めれば、集団の内に起こることはまったく理解できないだろう。

一言で言えば、心理学と社会学の間には、生物学と物理－化学的諸科学の間にあるのと同じ切れ目が存在するのである。それゆえ、社会現象が心的現象から直接に説明される時には、その説明は常に間違っている、と確信することができるのだ。

おそらく次のような反論が提出されよう。すなわち、社会はひとたび形成されれば実際に社会現象の直接の原因になるとしても、この形成を引き起こした原因は心理学的な性質のものではなかろうか、と。というのも、一般に人々は、諸個人が結合すればこの結合が一つの新たな生を生み出しうることは認めても、この結合は個人的な理由によってしか起こりえない、と主張しているからである。——だが、実際には、歴史を遠く遡れば遡るほど、結合という事実は何にもまして義務的なものとなる。それは、結合という事実こそが他のあらゆる義務の源泉だからである。例えば、私はそう生まれついたために否応なく、義務的に、ある特定の民族に結びつけられている。そして、その後、ひとたび成人すれば、私が自分の国で生活を続けているという、ただそれだけをもって、私はこの義務に同意していると言われる。だが、そのことにどれほどの意味があるというのか。私が同意するからといって、義務の命令的な性格が取り除かれるわけではないのだ。圧力が喜んで承認され、受容されているからといって、それが圧力でなくなるわけではない。それに、このような同意の射程は、どれほどのものでありえようか。まず、ほとんどの場合、自分の国籍を離脱することは実際的にも道徳的にも不可能なのだから、この同意は強制されたものである。そのような変更は、一般には〔国に背き、これを捨てる〕転向（apostasie）とさえみなされる。次に、この同意が、そもそも合意すること自体、不可能だったような過去に関わることはありえない。にもかかわらず、その過去は現在を規定する。つまり、例えば私は自分が受けた教育を自ら望んだわけではない。にもかかわらず、私が生まれた土地に愛着を抱く原因は、他のいかなる原因にもまして、まさにこの教育なのである。最後に、この同意は未来〔の事柄〕に対しては道徳的価値をもちえまい。未来とは、あくまで未知なのだから。つまり、将来いつの日にか市民としての資格において自らに課せられる義務のすべてを知っているわけでもなかろうに、どうしてそうした義務にあらかじめ同意することなどできようか。さて、すでに示したとおり、義務的なものはすべてその源泉を個人の外部にもっている。それゆえ、歴史から抜け出てしまわないかぎり、結合という事実は他の諸事実と同じ特徴を示すのだから、結局のところ同じ仕方で説明される。他方、あらゆる社会は別の社会から断絶なく生まれるのだから、集合的生に参入すべきか否か、またあれかこれかいずれの集合的生に参入すべきかを判断するために個人が実際に熟慮しなければならなかった瞬間など、社会進化の過程のどこにも存在しなかった、と考えて間違いなかろう。したがって、先の〔段落冒頭の〕問いについて論じうるためには、あらゆる社会の最初の起源まで遡らなければならないだろう。だが、およそこの種の問題に対して与えうる解答は常に疑わしいものでしかなく、いかなる場合であれ、それが歴史の中に与えられた諸々の事実を取り扱うべき方法に影響することはありえまい。それゆえ、こうした問題を検討する必要はないのである。

ただし、以上のことから「本書の筆者によれば、社会学は人間とその能力を捨象しなければならないし、またそれが可能である」という結論を引き出すのであれば、それはわれわれの考えを途方もなく誤解することになろう。それどころか、社会的生の練成作業の中に人間性の一般的な属性が関与してくることは明白である。ただ、社会的生を生み出したり、これに特定の形態を与えたりするものは、そうした属性ではないのだ。そうした属性は社会的生を可能なものにするにすぎない。集合的な表象、情動、性向の生成原因は、個々人の意識の何らかの状態ではない。その原因は、社会体が全体として置かれている諸々の条件なのだ。確かに、そうした集合的なものは、個人的な性質がそれに逆らうものではない場合にしか、実現されない。しかし、この個人的な性質というものは、社会的要因によって規定され、変形される未規定の素材にすぎない。したがって、その関与は、非常に一般的な状態としてのみ、すなわち、もしも他の要因の介入がなければ社会現象を特徴づける確定的で複雑な形態をそれ自身ではとることができないような、漠とした、それゆえ可塑的な素地としてのみなのである。

例えば、人間が自分の力を凌ぐ力を前にして感じる感情と、固有の信念ときわめて多様で複雑な慣行をもち、物質的かつ道徳的な組織をそなえた宗教制度との間には、どれほどの深淵が横たわっていることだろう！　そしてまた、血のつながっている二人が互いに対して感じる共感の心的条件(18)と、家族の構造、人間同士の関係、人間と事物の関係などを規定している、あの錯綜した法的ないし道徳的な規則の一総体との間には、何と深い裂け目があることだろう！　すでに見たとおり、社会が未組織の単なる群集になっている時でさえ、そこで形成される集合的感情は平均的な個人的感情とは似ておらず、それどころか正反対だということもありうる。個人のこうむる圧力が正常な社会に由来するものである時には、つまり同時代人に加えて先行世代と伝統が作用する社会に由来するものである時には、なおさらこの隔たりはどれほど大きなものとなるだろうか！　かくして、社会的事実に対する純粋に心理学的な説明では、この事実に固有のものをすべて、すなわち社会的なものをすべて取り逃してしまうことは不可避なのである。

このような心理学的方法の不十分さに対しては、ずいぶん多くの社会学者がその目を塞《ふさ》がれている。その理由は、彼らが原因と結果を取り違えているから、つまり、たいていの場合、彼らは比較的明確で独特ではあるが、実は社会現象の結果にすぎないある種の心理状態を、逆に社会現象の決定条件とみなしてしまっているからである。そのために、彼らはある一定の宗教的感情や一定最小限の性的嫉妬、親孝行、父性愛といったものを人間に内在的なものと考え、ここから宗教、婚姻、家族を説明しようとしたのだ。だが、歴史の示すところでは、こうした性向は人間本性に内在的であるというには程遠く、ある種の社会環境ではまったく欠如していたり、あれこれの社会ごとに非常に異なる形で現れたりするものである。そのため、そうした差異のすべてを削ぎ落として得られる残余物、すなわち心理学的起源をもつと考えうる唯一のものは、図式的で漠然とした、それゆえ説明すべき当の事実から遠くかけ離れた何ものかに結局は還元されざるをえない。だからこそ、こうした感情は、集合的組織の結果ではあれども、その基盤ではありえないのである。そもそも、社交（sociabilité）

への性向が人類発生以来の先天的な本能であるということでさえ、まるで証明などされていない。むしろ、それは、われわれの内に徐々に形成されたもの、社会的生の産物と見るほうがずっと自然である。というのも、動物において、群れをなす（sociables）か否かは、その生息環境が共同生活を強いるのか、それともそれに背を向けさせるのかによる、という事実が観察されているからである。――そして、言い足さねばならないのは、そのようなより明確な性向と社会的実在の間にさえ、依然として少なからぬ隔たりが存在する、ということである。

もっとも、その作用の範囲を明確化できるような形で心理学的要因をほぼ完全に単離する手段は存在する。それは、人種というものがどのようにして社会進化に影響を及ぼすのかを研究することである。実際、人種的な特徴は有機的－心的な次元のものである。したがって、もし心理学的現象が、それ特有の因果的な効果を社会に及ぼすのだとしたら、社会的生は人種的特徴に応じてさまざまに異なるものになるはずである。ところが、異論の余地なく人種に基づいている社会現象など、いっさい知られていないのだ。なるほど、この命題に法則としての価値を認めることはできないであろう。だが、少なくとも現実の中で恒常的に確認される事実として認めることはできる。実際、この上なく多様な組織形態が同一人種の複数の社会の中に見出される一方で、人種を異にする複数の社会の間に驚くべき類似性が観察されている。例えば、都市国家というものは、ローマ人やギリシア人のみならず、フェニキア人においても存在していた。形成途上のものなら、カビール人においても見出される。家父長制家族について言えば、これはユダヤ人においても、ヒンドスタン人においても、ほとんど同じように発達していた。だが、同じアーリア人種であるスラヴ人には見出されない。その反面、スラヴ人に見られる家族形態がアラブ人にも存在する。また、母系制家族とクランはどこにでも観察されるし、裁判における証言や婚姻儀式は人種的にはまるで異なる諸民族の間で細かな点まで一致している。以上、事実がこのようであるのは、心的な要因の関与というものが、社会現象のたどる経過をあらかじめ決定するには、あまりにも漠然としたものだからである。そこには、「あの形態よりもむしろ別の形態」と言えるほど具体的な社会の形態は含まれておらず、したがっていかなる社会の形態も説明できない。確かに、習慣的に人種の影響とされているいくつかの事実は存在する。文学と芸術の発展がアテナイでは非常に素早く、また非常に激しく進行したのに比して、ローマでは非常に緩慢で非常に凡庸だった理由の説明などは、その典型であろう。しかし、事実に対するこのような解釈は、古典的なものではあるが、系統的な方法を用いた証明はこれまでなされていない。それは、ひたすら伝統から、その権威のほとんどを引き出しているように思われる。こうした現象に対する社会学的な説明がありうるのではないか、と試みられたことさえないのである。だが、もし試みれば、成功するに違いない。結局のところ、そのように性急にアテナイ文明の芸術上の特徴を生まれながらの審美能力に結びつけるとき、人は中世において炎をフロギストン〔燃焼を説明するための仮想の物質〕で説明したり、アヘンの効果をその誘眠作用で説明したりしたのとほとんど同じことを行っているのである。

最後に、もし本当に社会の進化の起源が人間の心理学的構造にあるとしたら、そもそもこの進化がどのように生じるのかが理解不能になる。というのも、その場合、社会進化の原動力として、人間本性に内在する何らかの衝動をおそらくは仮定しなければならないからだ。だが、その衝動とは、いったいどんなものだろうか。コントの言う、人間をその本性のいっそうの実現へと押しやる、あの種の〔進歩への〕本能だろうか。だが、それでは疑問に対して別の疑問で答えることになってしまう。つまり、それは進歩というものを当の進歩に内在する性向によって説明するものであり、さらに言えば、存在を確かめられたことなどこれまで一度もない正真正銘の形而上学的実体によって説明することになるのだ。というのも、諸種の動物は、たとえ最も高等なものであっても、進歩への欲求《ニーズ》によって動かされているなどということはまったくないし、人間社会においてさえ、無期限の停滞状態にとどまって、そこで満足している社会が多く存在している。ならば、スペンサー氏が信じていたと思われるような、次第に複雑化していく文明の形態が次第に完全に実現していくように定められた、より大なる幸福への欲求《ニーズ》が、それなのだろうか。そうなると、幸福は文明の進歩とともに増大することが立証されなければならないだろう。だが、この仮説からは、われわれが他所で明らかにしたとおり[19]、ありとあらゆる困難が生じる。それだけではない。以上挙げた二つの原理のうち、いずれかが認められるべきだと仮定してもなお、だからといって歴史の展開が理解可能になるわけではない。なぜなら、そこから帰結する説明は純粋に目的論的なものになるだろうが、先に指摘したとおり、あらゆる自然現象と同様、社会的事実についても、それが何らかの目的に役立つことが示されたというだけでは、それを説明したことにはならないからである。歴史の進展とともに相次いで現れる諸々の社会的組織は次第に物分かりのよいものとなり、その結果、われわれのあれこれの基本的性向は絶えずいっそう満足させられてきた、ということが確かに証明されたとしても、だからといって、そうした社会的組織がどのようにして生まれたのかを理解したことにはならない。それが有用であったという事実が、それを存在せしめたものを教えてくれるわけではないのだ。社会的組織がどのように発想されるに至ったのか、すなわち、その組織にどのような働きを期待して青写真を描くに至ったのかを説明することは——すでに難問ではあるが——できるだろう。だが、その場合でさえ、社会的組織に対するそのような願望が社会的組織を無から生み出す力をもっていた、などということはありえない。一言で言って、その社会的組織が目指す目標に達するための不可欠な手段であることが認められたとしても、問題はまったく未解決のまま残るのである。いったい、そうした手段は、どのようにして、つまり何から、何によって構成されていたのか、と。

かくして、われわれは次の規準に到達する。すなわち、ある社会的事実の決定原因は、個人意識の状態の内にではなく、先行する社会的事実の内に探究されなければならない。他方、これまで述べてきたことはすべて、原因の決定と同様、機能の決定にもあてはまるということは、すぐに気づかれよう。社会的事実の機能は社会的なものでしかありえない。つまり、社会的に有用な結果の産出である。確かに、その帰結として、それが個人の役に立つことはありうるし、実際にもある。だが、だからといって、この幸運な帰結がその社会的事実の直接的な存在理由をなしているわけではない。よって、先の命題は次のように言うことで補完できる。すなわち、ある社会的事実の機能は、その事実が何らかの社会的目的と取り結んでいる関係の内に常に探究されなければならない。

これまで社会学者は、この規準を頻繁に無視して、社会現象をあまりにも心理学的な観点から考察したため、多くの人々にとって社会学者の理論は、あまりにも曖昧で、一定せず、説明していると思っている物に特有の性質とはかけ離れたもののように映ずるようになってしまった。中でも歴史家は、社会的現実に密着して生きているので、そのような一般的にすぎる解釈が事実と結びつく力のなさを嫌でも感じざるをえない。そして、おそらく、このことこそが、歴史学が社会学に対してしばしば示してきた不信を部分的にではあれ生み出したのだろう。といっても、社会学者は心的事実を検討せずともよい、ということでは、もちろんない。集合的生は個人的生から派生するものではないにせよ、両者は緊密に関係しているのだから。後者は前者を説明しえないとしても、少なくとも説明を容易にすることはできる。まず、すでに示したとおり、社会的事実が心的事実の一種独特の練成（élaboration）によって生み出されることに異論の余地はない。のみならず、この練成それ自体は、各個人意識の内に生じる、最初に個人意識を構成していた第一次的要素（感覚、反射、本能）を次第に変形していく練成と似たところがないわけではない。であるから、自我というものが、有機体と様式は異なれども、これと同じ資格において、それ自体一つの社会である、と言われたのもゆえなきことではないのだ。事実、ずっと以前から、心理学者は精神の生の説明における連合（*association*）という要因のまったき重要性を主張してきたのである。このように、社会学者にとって心理学的素養は生物学的素養にもまして不可欠の予備教育をなしているが、それが彼にとって有用なのはただ、それを学んだのちにそこから脱し、社会学特有の素養で補完することによってそれを超克する、という条件においてのみである。つまり、心理学は心理学を自らの作業のいわば中心に置くことを放棄しなければならない。社会学者は社会的世界への冒険的な侵入における必須の出発点にして必須の帰還点としてはならない。社会的事実を正面から直に観察するためには、自らを社会的事実のただなかに据えなければならない。そして、個人の科学たる心理学に対しては、一般的な予備知識を、そしてやむをえない場合に有用な示唆を求めるにとどめなければならないのである。(20)

三

社会形態学に関する事実は生理学的現象と性質を同じくしているのだから、今述べた同じ規準に従って説明されるはずである。とはいえ、これまで検討してきたすべてのことから、社会形態学的事実が、集合的生の中で、したがって社会学的説明の中で、ある卓越した役割を担う、ということが導かれる。

実際、すでに示したように、社会現象を決定づける条件が結合という事実そのものにあるとすれば、その結合の形態に従って、すなわち社会の構成要素が結びつけられる様式に従って、社会現象は変化するはずである。他方、空間内にさまざまに配置された解剖学的要素の総体が有機体の内的環境を構成するのと同様に、社会の組成に関わるあらゆる性質の要素が結合することによって形成される明確な一総体が社会の内的環境を構成するのだから、次のように言うことができよう。すなわち、およそ何らかの重要性を有するあらゆる社会的過程の最初の起源は、内的社会環境（*milieu social interne*）の構成の内に探究されねばならない。

これをさらに明確に規定することさえ可能である。実際、この内的社会環境を構成する要素には二種類のものがある。すなわち、物と人だ。これらのうち、物の中には、社会に組み込まれている物質的な物のみならず、すでになされた社会的活動の所産、例えば既成の法、既存の習俗、文学上あるいは芸術上の記念碑的作品なども含まれなければならない。しかし、どの物であれ、社会の変容を促す推進力をもたらさないことは明らかである。というのも、物にはいかなる駆動力も秘められていないのだから。確かに、説明を試みる際に物を考慮に入れてしかるべき理由はある。実際、物は社会の進化にある種の圧を加え、その如何によって進化の速度と方向さえ変わってくる。しかし、物には社会の進化を始動させるものが何もない。それは社会の生命力が向かう素材ではあっても、それ自身ではいかなる生命力も発さない。かくして、能動的要因としては、固有の意味での人間的環境が残るのである。

したがって、社会学者の主たる努力は、社会現象の展開過程に作用しうるこの人間的環境のさまざまな属性を解き明かすことに向けられるべきであろう。現在までに、われわれはこの条件を非常によく満たす属性を二種類見出している。その一つは社会的単位の数、あるいは以前われわれが用いた言葉で言えば、社会の容積（volume de la société）であり、他の一つは人々の集団の集中化の度合い、あるいは動的密度（densité dynamique）と呼んだものである。ただし、この動的密度については、この語をもって、個人ないしはむしろ個人の集団が道徳的空隙（vides moraux）によって隔てられている場合には効果をもちえないような、凝集の純粋に物質的な密接性と解してはならない。そうではなく、物質的な密接性がその副次的な要素にすぎないような、さらに一般的にはその結果にすぎないような道徳的密接性（resserrement moral）と解さなければならない。動的密度とは、容積を一定とした場合に、商取引関係だけでなく道徳的関係に実際に参加している個人の数に応じて、つまり便益を交換したり競争したりするだけでなく一つの共同的生を生きている個人の数に応じて定義されるものである。というのも、純粋に経済的な関係とは人間を互いに外的なままとどめ置くものであり、そのような関係であれば、人々は必ずしも同一の集合的生存に参加せずとも非常に長く関係を維持することができるからである。商取引は諸国民（peuples）を隔てる国境（frontières）を越えて結ばれるが、だからといって国境が存在しなくなるわけではない。そもそも、共同的生というものは、そこで実際に協働している人々の数にのみ影響されるものだ。それゆえ、一国民の動的密度を最もよく表現するのは、社会的環節の融合の度合いなのである。なぜなら、部分的凝集の各々が一つの全体をなしているとすれば、すなわち障壁によって他の凝集から隔てられ、はっきりと区別される一つの個性をなしているとすれば、それはその成員の活動が一般的にはその凝集の中に局限されているからであり、逆に、そうした部分社会が全体社会に融合している、ないしは融合する傾向にあるとすれば、それはその社会生活が全体社会と同じ範囲にまで広がっているということだからである。

物的密度（densité matérielle）について言えば——少なくとも、この語に単位面積あたりの人口だけでなく通信や交通路の発展をも含ませるとすれば——、それは通常は動的密度と歩調を合わせるものであり、したがって一般的には動的密度を測定する役に立つものである。なぜなら、人口のさまざまな部分が互いに接近する傾向にあるなら、そのような接近を可能にする道をそれらが自ら切り開いていくのは必然であり、また他方では、同じ社会の中にあれども互いに遠く離れた複数の地点の間には、その距離が障害にならなくなって初めて関係が築かれるからである。ただし、例外はある[21]。もし一社会の道徳的な集中化を、その社会が示す物質的な集中化の度合いによって常に判断するなら、深刻な誤りにさらされよう。というのも、道路や鉄道といったものは、人口の融合よりも商取引の動きに役立つものであって、人口の融合の度合いに関しては非常に不完全にしか示さないものだからである。例えば、イギリスの場合がこれにあたる。イギリスは、物的密度においてフランスにまさっているにもかかわらず、諸環節の融合については、その地方精神と地域生活の根強さが証しているように、フランスに比べて、はるかに遅れているのである。

われわれは、他所で、社会の容積と動的密度の増大によって必ず社会的生が活発化し、各個人の思考と行為の及ぶ地平が広がって、その結果、集合的生存の基本的条件がどれほど根本的に変化するかを明らかにした。その際に行ったこの原理の応用に、ここで立ち返る必要はないだろう。ただ、次のことのみ付言しておこう。すなわち、この原理は、そのとき研究対象とした依然きわめて一般的な問題だけでなく、より特殊な他の多くの問題を扱う際にも役立った、そしてそれゆえ、すでに膨大と言ってよい経験的事実によって、この原理の正確さは検証されたのだ、と。しかし、だからといって、社会的事実の説明に何らかの役割を演じうる社会的環境のあらゆる特徴を明らかにした、と信じるには程遠い。言えることはただ、われわれが見出したそのような特徴は社会の容積と動的密度だけであり、かつ、他の特徴を探究する必要は認められなかった、ということである。

しかし、社会的環境に、中でも特に人間的環境にこのような優位性を与えたからといって、それ以上遡及する必要のない一種の究極的で絶対的な事実をそこに見なければならないということではない。反対に、歴史のあらゆる瞬間において、社会的環境の状態はそれ自体、社会的原因に基づいており、かつこの社会的原因の一部は社会それ自体に内在していることは明らかであるが、他の一部は当該社会と隣接諸社会の間で取り交わされる作用と反作用に由来するものであることもまた明白である。その上、科学は、語の絶対的な意味における、いかなる第一原因も認めない。科学にとって、一つの事実が第一次的なものであるのは、ただその事実が他の多くの事実を説明しうるのに十分な一般性をもっている時、ただその時だけである。そして、社会的環境は確かにこの種の要因である。というのも、そこで起きる変化は、その原因が何であれ、社会有機体の四方八方に影響を及ぼし、そのあらゆる機能に多かれ少なかれ干渉せずには済まないからである。

たった今、社会の一般的環境について述べたことは、その社会の内に含まれている個別的集団それぞれの特殊な環境についても、そのままあてはまる。例えば、家族の容積の大小によって、またその家族の内向性の多寡によって、家族生活はまるで異なるものとなろう。同様に、もし職業団体（corporations professionnelles）が、かつてのように一都市の領域内にとどまるのではなく、各団体が社会の領域全体に分枝を伸ばすような形で再建されるのなら、この団体が行使する影響力はかつてとは大きく異なるものとなるだろう。より一般的な形で言えば、各職業に固有の環境が強固に構成されているか、あるいは今日そうであるようにその網の目が弛緩してしまっているかによって、職業生活はまるで別ものとなるであろう。とはいえ、こうした特殊な環境の影響力は、一般的環境ほどの重要性はもちえないであろう。なぜなら、特殊な環境とは、あくまで一般的環境に従属するものだからである。ゆえに、常に立ち返るべきは一般的環境である。そもそも、右のような部分集団の構造を変化させるのは、一般的環境がそれらの上に及ぼす圧力なのだから。

この集合的進化の規定要因としての社会的環境という考え方は、この上なく重要である。なぜなら、もしこの考え方を否定してしまえば、社会学はいかなる因果関係も確立できない状態に陥ってしまうからだ。

実際、この種の原因を退けてしまうと、社会現象を規定する共時的条件（conditions

concomitantes）はいっさい存在しないことになる。なぜなら、外的社会環境、すなわち周囲の諸社会によって形成される社会的環境が何らかの影響を与えるとしても、そのほとんどは攻撃と防衛を目的とする機能に対するものでしかなく、さらにその影響力は内的社会環境を媒介としてのみ行使されうるからである。そうなると、歴史の展開の主たる原因は、〔現在、周囲を取り巻いている〕周辺物（*circumfusa*）の内には存在せず、すべて過去の中に存在することになろう。そのような原因は、それ自体が当の歴史の展開の一部となり、単により古い段階を構成するだけのものとなろう。そして、社会的生の現在の出来事は、現在の状態からではなく、先行する過去の出来事から、つまり歴史上の先例から生じることになり、かくして社会学的説明はただ過去を現在に結びつけるだけのものになってしまうであろう。

なるほど、それで十分だと思われるかもしれない。事実、歴史学の目的はまさに諸々の出来事を継起した順序に従って結びつけていくことだとふつう言われているではないか、と。だが、所与の一時点で文明が達している状態がいかにして後続する状態の決定原因でありうるのか。これは理解不能である。確かに、人類が順に経てきた諸段階は、それぞれが独立に生じたわけではない。法的、経済的、政治的といった領域で、ある時代に実現された進歩が新たな進歩を可能にする、というのはよく分かる。だが、だからといって、先行する進歩が後続の進歩をどうしてあらかじめ定められようか。先行する進歩は、さらに前進することを可能たらしめる出発点ではある。だが、さらに前進するようわれわれを駆り立てるものはいったい何なのか。こうなると、得られた結果を絶えず乗り越えるよう人を駆り立て、あるいは完全な自己実現へ、あるいは幸福の増大へと向かわせるような一性向が人類に内在していることを認めなければならないであろう。そして、そうなれば、社会学の目的は、この性向の展開順序を見出すこととなるであろう。だが、この種の仮説が孕んでいる困難について蒸し返すことはしないとしても、いずれにせよ、この展開を表現する法則はいささかも因果的なものにはなりえないだろう。実際のところ、因果関係は所与の二つの事実の間にしか成立しえない。ところが、展開の原因とみなされているこの性向は所与のものではないのだ。それは仮定されたものであり、人がそれに割り当てた結果に適合するように精神が作り上げたものでしかない。それは運動を説明するために、その背後にあるものとしてわれわれが勝手に想像する原動力のようなものなのだ。だが、ある運動の始動因とは、この種の潜在的な力ではなく、別の運動でしかありえない。だから、この場合、われわれが経験的に捉えるものはすべて、その間に因果連関が存在しない一連の変化なのである。そこでは、先行状態がその帰結を生み出すことはない。両者の関係は単なる時系列の上のものでしかないのだ。それゆえ、このような条件の下では、科学的な予測などいっさいありえない。物事が現在までどのように継起してきたかを言うことは確かにできる。しかし、それが今後どのような順序で継起していくのかを言うことはできないのだ。というのも、その物事を規定しているとみなされている原因は、科学的に確定されておらず、また確定できるものでもないからである。確かに、人は通常、進化というものは過去にそうであった方向と同じ方向でさらに続いていく、と考えている。しかし、それは単なる仮定によるものにすぎない。「すでに実現されている事実は、その性向の本性を十分完全に表現しており、ゆえにその性向がこれまで順に経てきた諸段階をたどり、延長することで、その目指す終着点を予測できる」などということを保証するものは何もないのだ。そもそも、この性向がたどり、その跡を残す方向が直線的であるなどと、どうして言えようか。

社会学者によって打ち立てられた因果関係の数がきわめて限られている理由は、実のところ、ここにある。モンテスキューを最も知られた例とするわずかな例外を除けば、旧来の歴史哲学は、人類進化の諸段階を何らかの共時的条件に結びつけようと試みることはいっさいせず、人類が志向している一般的な方向性を見出すことに、ただただ腐心してきた。コントが社会哲学に対してどれほど大きな貢献をなしたにせよ、社会学的問題を提起する際に彼が用いた用語は先行者たちと変わらない。彼の有名な三状態の法則にしたところで、そこに因果関係はまったく含まれていない。もし仮にこの法則が正しかったとしても、それは経験的なものであり、またそうでしかありえないのである。それは、人類の過ぎ去りし歴史に皮相な一瞥をくれたにすぎない。コントが第三状態〔科学的ないし実証的状態〕をもって人類が到達しうる最終状態とみなしたのは、まったくもって恣意的である。将来さらにもう一つ別の状態が出現しない、などと誰が言えようか。また、スペンサー氏の社会学を支配している法則も、本質的にはこれと異なるものではないように思われる。というのも、仮にわれわれが現在は産業文明の中に幸福を探し求めているのを認めたとしても、のちの時代には別のところにこれを探さないという保証など何もないのだから。結局のところ、このような方法が人々の間で一般的であり、また根強いのは、彼らが、たいていの場合、社会的環境というものを進歩を実現する手段として捉えるばかりで、進歩を規定する原因とは見ていないことによるのだと言えよう。

他方、社会現象の有用な価値、われわれの言葉で言えば、その機能、これもまた社会的環境との関係において評価されなければならない。社会的環境を原因とする変化のうち、その環境の現在の状態と釣り合う変化が有用な変化だと言える。というのも、社会的環境こそ集合的生存の本質的な条件だからである。この観点からも、先に提示したわれわれの考え方は根本的なもののように思われる。というのも、社会現象の有用な性質の変化を恣意的な設定によることなく説明できるのは、ただこの考え方だけだからだ。実際、原動力となる一性向はただ一つの目標しかもちえない、という理由をもって、もしも歴史的進化を前へ前へと人を押しやるある種の背後からの力（*vis a tergo*）によって動かされるものとして思い描くなら、社会現象の有用性や有害性を測る指標は一つしかありえないことになる。その帰結として、人類に完全にふさわしい社会的組織にはただ一つの型しか存在しないし、また存在しえないことになって、したがって歴史上のさまざまに異なる諸社会も、この唯一の型を相次いで近似的に表しているにすぎないことになる。だが、このような過度の単純化が今日知られている社会形態の多様性および複雑性とどれほど矛盾するものであるかは言うまでもなかろう。反対に、もし制度の適切さや不適切さが所与の一環境との関係においてのみ確定されうるとすれば、このような環境はさまざまに数多く存在するのだから、多様な指標が存在することになり、ひいては、相互に質的にはっきりと区別されつつ、そのいずれもが社会的環境の本性に等しく基礎づけられているような多様な類型が存在することになるのである。

したがって、今われわれが扱ってきた問題は、社会類型の構成に際して扱った問題と緊密に結びついている。複数の社会種が存在するのは、何よりもまず、集合的生というものが一定の多様性を示す共時的な条件に基づいているためである。もしこれとは反対に社会的な出来事の主たる原因がすべて過去にあるのだとすれば、各民族はもはや先行民族の延長でしかないことになるだろう。そうなると、多種多様であるはずの諸社会はそれぞれの個性を失い、もはや唯一かつ同一の展開過程における、ただ時期が異なるだけのものにすぎなくなるであろう。他方、社会的環境の構造は社会的凝集の構成様式に由来するのであり、この二つの表現はとどのつまり同じ意味なのだから、社会学的分類の基礎としてわれわれが措定した諸々の属性以上に本質的な属性は存在しないということの証明が今や得られた、というわけである。

最後に、外的条件や環境といった語を取り上げて、われわれの方法を、生けるものの外部に生の源泉を求めるものだと非難するのがいかに不当であるか、今や以前よりいっそうよく理解されるに違いない。まるで反対に、たった今われわれが読者に示した考察は、社会現象の原因は社会に内在しているという見解に帰着する。むしろ、個人から社会を導き出す理論のほうがずっと、外部から内部を引き出すものだとして正しくも非難されるだろう。というのも、そうした理論は、社会的存在をそれ自身とは別のものによって説明するものだからである。さらにまた、それが部分から全体を演繹しようと企てることから、最小から最大を引き出すものだとして正当に批判されるだろう。われわれがこれまで述べてきた原理は、生けるものすべてに存する自発性をいささかも見落とすものではない。ゆえに、もしこれを生物学や心理学に適用するなら、個人的生もまた、そのすべてが個人の内部において練り上げられるものであることが認められるに違いない。

四

今打ち立てられた一群の規準から、社会と集合的生に関するある見解が導き出される。

この点について、人々の主張は相対立する二つの理論に分かれている。

一方の人々、例えばホッブズやルソーによれば、個人と社会の間には断絶が存在する。つまり、人間はその自然な本性として共同生活に抗《あらが》うものであり、強いられてのみ、これに従いうる。社会の目的は、個人の目的の単なる合流点ではなく、むしろ対立物である。ゆえに、社会の目的を追い求めるよう個人を導くには、個人に拘束を課す必要がある。この拘束のための制度と組織にこそ、すぐれて社会的な作為が存する。ただ、個人は人間界における唯一無二の実在とみなされているために、そのような個人の動きを妨げ、抑制することを目的とするこうした組織は人工的なものとしてしか理解されえない。それは自然の内に基礎づけられていない。というのも、反社会的な結果を生み出さないよう個人の邪魔をし、もって個人を歪めるように定められているのだから。それは工作物であり、一から十まですべて人間の手で製造された機械なのだ。それは、この種の製造物の例に漏れず、そうであってほしいと人間が望んだからそのようにある、という以上のものではない。つまりは、ある意志の命によって作り上げられ、また別の意志の命によってすっかり変えられてしまう、という類いのものなのだ。ホッブズもルソーも、個人の支配と拘束を本質的な役割とする機械の製作者は個人自身である、と認めることとの完全な矛盾に気づいていなかったようである。あるいは少なくとも、この矛盾を消し去るには、社会契約なる巧妙で人工的な仕掛けによって、これをその犠牲者の目から隠蔽すれば十分だと考えていたのだろう。

他方、自然法の理論家と経済学者が、より最近ではスペンサー氏[22]が着想を得たのは、これとは反対の考え方からである。彼らにとって、社会的生は本質的に自然発生的なものであり、社会とは自然物である。とはいっても、彼らが社会にこのような性格を与えるのは、社会に特有の性質を認めたからではない。むしろ、彼らは個人の本性の中に社会の基盤を見出している。ホッブズやルソーと同様に、彼らもまた社会というものを、それ自身で、それ特有の原因によって存在するような諸物の一体系とは認めない。ただ、ホッブズとルソーが社会を現実といかなるつながりをもたず、いわば宙に浮いたような人為的契約による構築物としか捉えなかったのに対して、彼らは社会に人間の心の基本的な本能という土台を与えた。つまり、人間にはその自然的本性として政治生活、家庭生活、宗教生活、商取引、等々への性向がそなわっており、社会的組織が生まれてくるのはこれら自然の性向からなのだ、と。したがって、社会的組織が正常なところであればどこでも、それが個人に課される必要はない。社会的組織が拘束に訴えるとすれば、それは、それ自身があるべき状態にないか、あるいはそれを取り巻く環境が異常であるかのいずれかだ、ということである。原則として、個人の力を社会として組織するには、それが自由に展開するがままにしておくしかないのだ。

われわれの唱える説は、以上の二説のいずれでもない。

確かに、およそ社会的事実の特質は拘束にある、とわれわれは考えている。ただし、この拘束は、人々が陥っている自縄自縛の罠を隠蔽するように程度の差はあれ巧妙にしつらえられた機械の類いに由来するものではない。それは単に、個人が彼を支配する一つの力の前に置かれているということ、そしてこの力にひざまずいているということによるものである。だが、それでも、この力は自然なものである。それは、人間の意志が現実に対して一から十まで付加した、契約的な取り決めに由来するものではない。それは実在のまさしく深奥から発している。それは所与の原因の必然的な産物なのである。であるから、個人がまったく自発的にこれに従うように導くのに、いかなる術策にも訴える必要はない。個人が置かれているこの自然な従属と劣位の状態を自覚させれば事足りる。そして、個人は、この状態を、宗教を通じて感性的で象徴的な表象を作ることで認識し、あるいは科学を通じて的確で明晰な概念を作り上げて認識するのだ。個人に対する社会の優越性は、単なる物理的なものではなく、知的で道徳的なものでもあるため、個々人によるいわゆる自由検討についても、正しく行われるかぎり、社会がこれを恐れることはいっさいない。というのも、反省によって得られるのはただ、社会的存在は個人的存在よりいっそう豊かで、いっそう複雑で、いっそう持続的なものであるという事実の理解であり、またそこから、個人に要求されている服従の理由が、また習慣によって個人の心の内に据えつけられた社会に対する愛着と尊敬の感情の理由が了解可能な形で解き明かされるということ、それ以外にありえないからである(23)。

したがって、社会的拘束に関するわれわれの考え方を、ホッブズやマキアヴェッリの理論の焼き直しにすぎないとする非難があるとしたら、それは著しく皮相な批判だと言うほかない。われわれが、この二人の哲学者とは逆に、社会的生は自然なものであると言ったのは、その源を個人の本性の内に見出したからではない。社会的生は、それ自体で一種独特の性質をもつ集合的存在に直接由来するものなのだ。つまり、それは個別意識が互いに結合することでその作用を受け、その中から新たな存在形態が生まれ出る、あの独特の練成作用の帰結なのである(24)。だから、われわれはホッブズらとともに、社会的生が拘束という姿で個人に対して現れることを認めると同時に、スペンサー氏らとともに、それが実在から自然に発生したものであることをも認めるものである。そして、矛盾しているように見えるこれら二つの要素を論理的に結びつけるのは、社会的生が由来するこの実在が個人を超えたものである、という事実である。つまり、われわれの用語法における拘束および自然発生という語の意味は、前者についてはホッブズと、後者についてはスペンサー氏と異なっているということである。

以上を要するに、社会的事実を純理的に説明しようとなされた試みの大部分に対しては、それらが社会的規律の観念をまったく排してしまったことをもって、あるいは欺瞞的な言い逃れによってようやくこれを維持するに至っていたことをもって反論しえた、ということである。これに対して、われわれが今提示した規準によるなら、あらゆる共同的生の本質的条件を規律の精神に見出し、この精神を理性と真理の上に全面的に基礎づける、そのような社会学を作り上げることが可能になるだろう。

原注

（1）『実証哲学講義』Ⅳ、二六二頁。
（2）『社会学原理』Ⅲ、三三六頁。
（3）『社会分業論』第二編第三章および第四章。
（4）ここで、この場にそぐわない一般哲学の問題を提起するつもりはない。だが、次のことは指摘しておこう。原因と結果のこの相互性がよりいっそう研究されれば、生存というものが、とりわけ生命の継続というものが含意する目的論と科学的機械論とを和解させる一つの手段が得られるであろう。
（5）『社会分業論』第二編第二章、特に一〇五頁以下。
（6）同書、五二一―五三頁。
（7）同書、三〇一頁以下。
（8）『実証哲学講義』Ⅳ、三三三頁。

(9) 同書、三四五頁。
(10) 同書、三四六頁。
(11) 同書、三三五頁。
(12) 『社会学原理』I、一四―一五頁。
(13) 同書、五八三頁。
(14) 同書、五八二頁。
(15) 同書、一八頁。
(16) 「社会はその成員の利益のために存在するのであり、成員が社会の利益のために存在するのではない。……政治体の権利は、それ自体では何ものでもなく、それが政治体を構成する諸個人の権利を具現するかぎりにおいて、何ものかになるのである」(同書、II、二一〇頁)。
(17) いかなる意味で、またいかなる理由で、個人意識から区別された集合意識というものを語りうるのか、また語るべきなのかが、ここで明らかになる。この区別を正当化するために集合意識を実体化する必要はない。集合意識が特別な何ものかであって、特別な用語で指し示されねばならないのは、ただ単に、集合意識をなす諸状態が個別的意識をなす諸状態とは種を異にしているからにすぎない。この異種性は、それらの状態を形成する要素が異なることに由来する。実際、個人意識が孤立した有機的‐心的存在の性質から結果するものであるのに対して、集合意識は複数のそのような存在が化合した結果である。構成要素がこの点で異なっているのだから、その結果物も異ならざるをえないのだ。さらに言えば、われわれの社会的事実の定義は、この境界線を別の仕方で示したものにすぎないのである。
(18) もしそのような共感があらゆる社会的生に先立って本当に存在するのであれば、であるが。この点については、A・エスピナス(Espinas)『動物社会(*Des sociétés animales*)』四七四頁を参照せよ。
(19) 『社会分業論』第二編第一章。

(20) 心的現象が社会的な帰結をもたらすことができるのは、それが社会現象と密接に結びつき、両者の作用が不可分に混ざり合っている時だけである。これは、ある種の社会的‐心的事実の場合に起こる。例えば、一官吏は一つの社会的な力であるが、同時に一個人でもある。その結果、彼は自分が握っている社会的なエネルギーを自分の個人的な性質に規定されたある方向に向けて利用し、そうすることで社会のあり方に影響を与えることができる。これは政治家(hommes d'Etat)に、さらに一般的には天才的人間(hommes de génie)に起こることである。天才は、たとえ仮に社会的機能を果たしていなくとも、彼を対象とする集合的感情から権威を引き出す。そして、この権威は、それ自体も社会的な力であり、一定程度までなら、個人的な理念のために利用することができるのだ。だがしかし、容易に分かるとおり、こうした事例は個人的な偶発性に依存するものであり、ゆえに科学の対象をなす唯一のもの、すなわち社会種を構成する要素に影響を与えることはできまい。であるから、前述の原理に対する制限は、社会学者にとってさほど重大なものではないのである。

(21)『社会分業論』では、物的密度を動的密度の正確な表現として強調しすぎた点で、われわれは誤っていた。しかしながら、前者を後者の代用として用いることは、例えば純粋に経済的な事実としての分業のような、動的密度の経済効果に関わるいっさいの事柄にあっては、完全に正当である。

(22) なお、この論点についてのコントの立場は、かなり曖昧な折衷主義である。

(23) すべての拘束が正常であるとは必ずしも言えない理由がここにある。何らかの社会的な優位性、すなわち知的または道徳的な優位性に対応する拘束だけが正常と呼ぶに値する。それとは異なり、一個人がより強いとか、より裕福だとかいう理由で別の個人に対して加える拘束は、とりわけこの裕福さがその個人の社会的価値を表していない場合には異常なものであり、暴力によってしか維持されえないものである。

(24) われわれの理論は、自然法理論にだけでなく、さらにホッブズの理論にさえ対立するものである。実際、自然法理論の信奉者にとっては、集合的生は、それが個人の本性(nature)から演繹されうるかぎりにおいてのみ、自然なもの（naturelle）である。ところが、厳密に言えば、この起源から導き出されうるのは、社会的組織の最も一般的な形態だけなのだ。その細部は、心的属性のもつ非常な一般性からあまりに隔たっているため、この起源に結びつけることはできない。それゆえ、社会的組織の細部は、この学説の敵対者にとってと同じく、信奉者にとっても、まったく人工的なものと映っているのだ。だが、それとは反対に、われわれにとっては、その最も特殊な構造でさえ、すべて自然なもの（naturel）である。すべては社会の本性（nature）に基礎づけられているのだから。

第六章　証明の実施に関する規準

一

ある現象が他の現象の原因であることを証明する手段は一つしかない。その手段とは、二つの現象が同時に現れる、または同時に欠如している複数の事例を比較して、異なる状況下におけるさまざまな組み合わせの中で両者が示す変動が一方の他方に対する依存関係を表しているかどうかを調べることである。観察者がその意のままに、人為的にそうした二つの現象を作り出すことができる時には、この方法は本来の意味での実験になる。それに対して、事実を意のままに作り出すことができず、自然に生じたままの現象を比較することしかできない時には、そこで用いられる方法は間接的実験、言い換えれば比較法ということになる。

すでに見たように、社会学的説明とは、もっぱら因果関係を確立することにある。つまり、ある一つの現象をその原因に結びつけるか、あるいは逆に一つの原因を有用な結果に結びつけるか、いずれかがなされねばならない。他方、言うまでもなく社会現象は実験者がコントロールし尽くせるものではないのだから、社会学に適した方法としては、比較法が唯一のものとなる。確かに、コントは比較法だけで十分だとは考えなかった。彼はこれを、彼が言うところの歴史的方法によって補完する必要があると考えた。しかし、それは社会学的法則に対する彼特有の考え方によるものである。コントによれば、社会学的法則とは確定的な因果関係を表現するものではなく、何よりも人類の進化一般が向かっている方向を表現するものでなければならない。よって、社会学的法則は比較という方法を用いて発見できるものではない。というのも、ある一つの社会現象がさまざまな民族においてとるさまざまな形態を比較しようとすれば、その社会現象をそれが属する時系列から切り離さなければならないからである。ところが、そのように人類の発展を断片化することから始めてしまえば、この発展の連続的な流れを捉えることができなくなってしまう。ゆえに、そのような流れを見出すのに適した方法とは、分析ではなく、広範囲の総合なのだ。必要なのは、切れ目なく続く人類の諸々の状態を相互に関連づけ、いわば同じ一つの直観（intuition）の中に統合して、「身体的、知的、道徳的、政治的な各性向の連続的な増大[1]」を認知しうるようにすることである。およそこのようなものが、コントが歴史的と呼ぶ方法の存在理由であるが、それゆえ、ひとたびコント社会学の基本思想を退けてしまえば、この方法はただちにその対象のすべてを失ってしまうのである。

確かに、ミルは次のように主張している。すなわち、社会学において実験は、たとえ間接的な形であれ適用不能である、と。しかし、彼の議論の重みをほぼ失わせるのに十分な事実がある。彼は実験という方法を、生物学的現象にも、さらには最も複雑な物理－化学的事実にさえ適用したが[2]、今日の目から見れば、化学や生物学が実験科学以外の何ものでもないことはもはや証明するまでもないことである。ゆえに、ミルの批判が社会学に関してはより以上の根拠をもっていると考えるべき理由は存在しない。なぜなら、社会現象と右の諸現象との違いは、前者がいっそう複雑であることだけだからだ。この違いの存在は、社会学では実験による論証を用いるのが他の諸科学に比べていっそう困難であることを確かに意味するだろう。しかし、だからといって、なぜそれが社会学では根本的に不可能だとされるのかは理解しがたい。

それだけではない。ミルのこの理論のすべては、彼の論理学の根本原理に結びつけられた一つの公準に立脚しているようだが、この公準はといえば、科学のあらゆる成果と矛盾するものなのだ。実際、彼は同一の前件（antécédent）から必ずしも同一の結果がもたらされるとは限らないことを、つまりある時はある原因から、またある時は別の原因から同一の結果がもたらされうることを認めている。しかし、因果関係についてこのような考え方をとれば、この関係からあらゆる確定性が奪い去られ、科学的分析によってこれに接近することはほぼ不可能になってしまう。というのも、この考え方は原因と結果の絡み合いをあまりにも複雑なものにしてしまい、精神はその中に迷い込んで永久に出られなくなってしまうからである。もし一つの結果がさまざまな異なる原因から生じうるのなら、所与の状況全体の中で何が結果をそのように確定したのかを知るためには、諸条件を個々別々に分離した上で実験しなければならないだろうが、社会学では特にこれは実際上、実現不可能である。

そもそも、原因の複数性と称されるこの公理は、因果律の原理の否定なのだ。もちろん、ミルに倣って、原因と結果は絶対的に異質なものであり、両者の間にはいかなる論理的関係も存在しない、と信じるのなら、同じ一つの結果が、ある時にはこの原因に、またある時にはあの原因によって起こるということを認めても、何ら矛盾はない。例えば、もしCをAに結びつける関係が純粋に時間的なものであるのなら、CをBに結びつける同種だが別の関係が存在することは否定されない。だが、そうではなく、およそ因果のつながりというものが理解可能なものであるのなら、それほどまでに不確定ということはありえないだろう。このつながりが物の本性に由来する関係であるのなら、同じ一つの結果はただ一つの原因によってしか支えられえない。因果のつながりは、ただ一つの本性しか表現できないのだから。さらに言えば、因果関係の理解可能性を問題にしてきたのは哲学者だけである。科学者にとって、それは問題にならないのだ。それは科学の方法それ自体の前提なのだから。さもなければ、実験による論証において演繹が果たす非常に重要な役割や、原因と結果の比例関係の根本原理を、どうして説明できようか。原因の複数性が観察されたとして引かれる事例について言えば、そうした事例が証拠になるには、その複数性が単なる見せかけだけのものではないこと、ないしは外面的に単一の結果に見えても実際には複数の結果が覆い隠されているわけではないことが、前もって確実に示されていなければならないだろう。実際、科学の世界においては、これより少数のものには還元できないと当初は見えていた複数の原因が、結局は単一の原因に還元された、ということがこれまで何度あったことか！　ミル自身が、その一例を提供している。近代の理論によれば、摩擦、衝撃、化学反応などによる熱の発生は、ただ一つの同じ原因に基づいている、と彼は述べているのだ。他方、結果についてはどうかといえば、科学者はしばしば、一般の人々が一緒くたにしているものに区別を設けている。例えば、発熱という語は、常識的にはただ一つの同じ疾患単位を指すが、科学的には種を異にする数多くの発熱が存在し、原因の複数性はこの結果の複数性との関連において認められる〔つまり、複数の結果のそれぞれに応じて複数の原因が認められる〕。にもかかわらず、それらの種を異にする疾患すべてに共通した何かがあるとすれば、それは、それらの原因もまた何らかの共通した性質をもっている、ということなのだ。

　ゆえに、原因の複数性なる原理を社会学から祓い、除かなければならない。多くの社会学者が比較法の使用に異議を唱えなくなってさえ、まだこの原理の影響下にあるだけに、なおさらである。例えば、犯罪はきわめて異なる諸々の原因から等しく生じうる、とよく言われる。自殺や刑罰等々についても同様である。だが、そのような精神をもって実験による論証を行えば、どれほど膨大な事実を結びつけてみても、徒労に終わるだけで、厳密な法則や確定的な因果関係を得ることは決してできないであろう。できるのは、せいぜい、あやふやな結果を不明瞭で不確定な一群の前件に漠然と帰すことだけであろう。であるから、もし比較法を科学的な仕方で、すなわち科学それ自身から導き出されるがままの因果性の原理に合致するような仕方で用いようと望むのなら、設定する比較の基礎として、同じ一つの結果には常に同じ一つの原因が対応する、という命題を置かなければなるまい。だから、先に引いた例を再度取り上げて言うとすれば、自殺が二つ以上の原因に基づいているのなら、それは自殺には実際のところ複数の種類のものがあるということなのだ。これは犯罪についても同様である。それに対して、刑罰の場合、相異なるさまざまな原因によって等しくよく説明されると信じられてきたが、それはすべての前件のうちに見出され、かつそれによってすべての前件が共通の結果を生み出すような共通の要素が見逃されてきたということなのだ[3]。

二

しかしながら、比較法のさまざまな手続きは、社会学に適用不能ではないとしても、そのすべてが等しく社会学において論証力をもっているわけではない。

いわゆる残余法（méthode des résidus）は、仮にそれが実験による論証の一形式をなしているとある意味では言いうるとしても、社会現象の研究においては、言ってみればまったく使いようがない。というのも、残余法は、相当数の法則がこれに先立って確立されていることを前提としているため、十分に発達した科学にしか役立たないからだ。のみならず、社会現象はあまりにも複雑なため、所与の一事例において、諸々の原因のうち、ただ一つを除いて他の全原因の結果を厳密に引き去ることなど、およそ不可能だからである。

同じ理由から、一致法（méthode de concordance）および差異法（méthode de

différence）を用いることも難しい。実際、これらの方法は、比較される事例がある一点だけで一致しているか、あるいはある一点だけで異なっていることを想定している。なるほど、確かに一致ないし差異を示す唯一無二の属性を反論の余地がないほどまでに立証するような実験を確立した科学など、これまで存在したことはない。既知の唯一の前件と同時かつ同じ仕方で後件（conséquent）との間に一致または差異を示すような何らかの他の前件が見落とされていないとは決して言いきれないからである。しかしながら、あらゆる偶発的な要素を完全に排除することは現実には達せられない理想的極限であるとはいえ、物理－化学的諸科学は、さらに生物諸科学でさえ、事実、この理想にかなり接近しており、その証明は非常に多くの場合、実際上、十分なものとみなされうるほどになっている。ところが、社会学では、人為的実験がいっさい不可能であることに加えて、社会現象のあまりの複雑さゆえに、もはやこれら諸科学と同じようにはいかないのだ。たった一つの社会の内部で共存している全事実の、あるいはたった一つの社会の歴史の流れの中で継起した全事実の、おおよそであれ完全に近い目録を作ることさえ不可能なのに、二つの民族が一点を除いて他のあらゆる関係において一致している、ないしは相違しているということを、大まかであっても確定することなど、とうていできない。一つの現象を見逃す可能性は、いかなる現象も見過ごさない可能性より、はるかに高いのだ。よって、結論としては、このような証明方法では、それ単独では、あらゆる科学的性格をほぼすべて欠くような憶説しか生み出しえないと言えよう。

しかし、共変法（méthode des variations concomitantes）となると、事情はまったく異なる。実際、共変法による証明では、比較される当の変化以外のあらゆる変化を厳密に排除する必要はない。二つの現象が示す値が並行して推移し、この並行が十分な量の変化をともなう十分な数の事例において確認されさえすれば、それだけで両現象の間に一つの関係が存在することの証拠になる。この方法がこのような特権を有するのは、それが因果関係を先に検討してきた方法のように外部からではなく、内部において把握するためである。共変法は、単に相ともなう、あるいは外面的に排除し合う二つの事実を示してみせるだけで[4]、両者が内的な紐帯で結ばれていることを直接的には何ら証明しないというわけではない。反対に、この方法は、少なくとも量に関しては、両者が相互的かつ継続的に関連していることを示してくれるのだ。そして、そのような関連が存在するということは、それだけで二つの事実が互いに無関係ではないことの十分な証明となる。ある現象の展開の仕方は、その現象の性質を表す。ゆえに、二つの現象の展開が対応しているということは、それらが表している性質においてもまた対応が存在しているに違いないのだ。だから、現象の恒常的な並存は、比較されずに残された諸々の現象の状態がどうであれ、それ自体で一つの法則をなしているのである。それゆえ、一致法や差異法がいくつかの個別事例に適用され、その結果、この法則が支持されないことが示されても、それだけでこの法則が無効になることはない。そうでなければ、この類いの証明が社会学ではもちえないはずの一つの権威を、これに認めることになってしまうだろう。二つの現象が相ともなって規則的な変化を示す時には、たとえ一方が他方をともなうことなく出現する場合が若干数あったとしても、依然として両者の関係性は支持されなければならない。というのも、ある原因が、それに対抗する別の何らかの原因の作用によってその結果を生み出すことを妨げられてしまったり、あるいは原因が存在してはいても、以前観察されたものとは異なる形態で現れていたりすることがありうるからである。なるほど、よく言われるとおり、事実を見直し、改めて検討することは必要だ。しかし、だからといって、正当な手続きに従ってなされた証明の結果をただちに打ち捨てる必要はないのである。

確かに、この手続きによって確立される法則は、必ずしもはじめから因果関係という形式で現れるとは限らない。現象の一方が他方の原因になっているがゆえに並存しているとは限らず、双方がともに同じ一つの原因の結果であるがゆえに並存していることはありうるし、さらにはその二つの現象の間に第一の現象の結果であると同時に第二の現象の原因であるような第三の現象が気づかれないまま介在し、それがために二つの現象が並存しているということもありうるのだ。したがって、この方法に従って得られた結果には、その後さらに解釈を加える必要がある。だが、それを言うのなら、いったいどんな実験方法であれば、それに従って確認された事実を精神によって練成する必要なく、因果関係を機械的に確定できるというのか。ここで重要なのはただ、この練成がきちんとした方法手順に従って行われることなのだ。そして、その手順とはいかなるものかといえば、以下のとおりとなる。まず、演繹を用いて、二つの項の一方がどのようにして他方を生み出しえたのかを探究する。次いで、この演繹の結果を、経験に照らして、すなわち新たな比較によって検証するよう努める。もしこのような演繹が可能であり、またもしこの検証に成功すれば、その証明は成功したとみなすことができよう。反対に、もしそれらの事実の間にいかなる直接的なつながりも見出すことができず、とりわけ、もしこのつながりについての仮説がすでに証明済みの法則と矛盾するようであれば、二つの事実がともに依存しているような、またはそれらの事実の媒介項として働きうるような第三の現象の探究に取りかかる。例を挙げれば、自殺への傾向が教育を求める傾向に即して変化するということは、これ以上ないほどの確実性をもって確定することができる。しかし、教育がどのようにして自殺を導くことができるのかは理解不能だ。なぜなら、そのような説明は心理学の諸法則と矛盾するからである。つまり、教育、とりわけ初歩的な知識に限られる教育は、意識の最も表層の領域に働きかけるにすぎない。それに対して、自己保存の本能は、われわれの根源的な性向の一つである。ゆえに、この本能が、これほど隔たった、あまりに弱い影響力しかもたない現象〔教育〕によってひどく侵害されることなどありえないだろう。そこで、この二つの事実は同じ一つの状態の帰結ではないか、と問うに至る。すると、その共通の原因として、知識に対する欲求《ニーズ》と自殺への傾向を同時に強化する宗教的伝統の弱体化が見出されるのだ。

だが、共変法が社会学的研究のとりわけ優れた手段とみなされるのには、もう一つ理由がある。実際、これ以外の方法は、その使用に最適な状況であっても、比較される事実がきわめて大量にある場合にしか有効に用いることができない。なるほど、ある一点においてのみ相違している、あるいは類似しているような二つの社会は見つからないとしても、少なくとも、二つの事実がほとんどの場合に相ともなっているか、あるいは排他的であるかを確認することはできよう。しかし、これが科学的価値をもつためには、きわめて多くの回数、確認されなければならない。それどころか、すべての事実を検討し尽くしたと確信できるほどでなければならないだろう。だが、そのような完全な目録はおよそ不可能であるだけでなく、そのようにして集められる諸々の事実はあまりに大量なものとなってしまい、十分詳細に検証することなど決してできない。そうした事実のうちの本質的なものや既知の事実と矛盾するものを見落としてしまいかねないばかりでなく、そもそもこの既知の事実を十分に把握しているのか、確信がもてなくなるのだ。事実、社会学者の論証がしばしば不信を招いてきたのは、彼らが好んで一致法や差異法を、とりわけ前者を用いてきたために、資料を吟味したり選択したりするよりも、これを積み上げることに没頭してきたことによる。その結果、彼らは旅行家たちの乱雑で性急な観察と厳密な歴史的文書を同列に扱うといったことを絶えずするようになってしまった。このような論証の実際を見るにつけ、これらの方法が無効であることはたった一つの事実からだけでも十分に示されうると言わざるをえないが、のみならず、そもそもこうした論証が立脚している事実そのものが必ずしも信頼に足るものとは言えないのである。

それに対して、共変法ならば、そのような不完全な列挙や皮相な観察を余儀なくされることはない。この方法によって結果を得るには、若干の事実だけで十分なのだ。一定数の事例において二つの現象が相ともなって変化することが証明されれば、そこに一つの法則が認められると、ただちに確信することができる。資料が大量である必要はないため、取捨選択が可能であり、ゆえにまた社会学者はこれを詳細に研究できる。だから、社会学者は、信念、伝統、習俗、法が書き記された真正の記録の中に具現化されている社会を、彼が行う帰納の主要な素材とすることができようし、そうすべきであろう。もちろん、社会学者は民族誌(ethnographie)からの報告を軽視はしない(科学者にあっては、いかなる事実も軽視されえない)。むしろ、それを正しく位置づけるのだ。つまり、それを研究の重心とするのではなく、一般的な形で、社会学者が歴史学から得る資料を補完するものとしてのみ利用することになろう。あるいは、少なくとも歴史学の資料によって、これを裏づけるように努めるだろう。このようにして、社会学者は、よりいっそうの識別眼をもって比較の範囲を画するだけでなく、よりいっそうの批判力をもってこの比較を推し進めることとなろう。というのも、ある限定された部類の事実に集中するということ自体が、より注意深く検討することを可能にするからである。むろん、歴史家たちの仕事を改めてやり直す必要はない。ただ、社会学者は、自分が利用する情報を受動的に、無批判に受け取るだけでは済まない、ということである。

しかし、社会学がただ一つの実験方法しか用いることができないからといって、他の諸科学に比べて著しく劣った状態に置かれていると考える必要はない。なぜなら、この不都合は、実際には社会学者の行う比較におのずと供される変異の豊かさによって、それも自然の他の領域にまったく類例を見ないほどのその豊かさによって埋め合わされるからである。有機体の場合、個体の生存期間中に生じる変化は数も少なく、また非常に限られたものである。生命を破壊することなく人工的に惹起することのできる変化も、それ自体、狭い範囲に限られている。確かに、動物学的進化の結果として、もっと大きな変化が生じることはある。しかし、そのような変化自体は不明瞭な痕跡をわずかに残すにすぎず、変化を引き起こした条件を見つけるのはさらにいっそう難しい。これに対して、社会的生は絶え間ない一連の変化であり、集合的生存の条件に生じる別の変化に照応するものである。ゆえに、現代に直接関係する変化を扱いうるだけでなく、すでに滅びた諸民族が経験した、そして今日のわれわれにまでつながっている非常に多くの変化もまた取り扱うことができるのだ。しかも、人類の歴史は、若干の空白を含むとはいえ、動物諸種の歴史とは違って、明瞭で完全である。それだけではない。社会現象の中には、社会の全域にわたって生じるが、それでいて地域、職業、宗教などによって多様な形態をとるものが山ほどある。例えば、犯罪、自殺、出生率、婚姻率、貯蓄率などである。こうしたものに特有の環境は非常に多様であるため、歴史的進化によって生み出される変化とはまた別に、こうした多様な事実それぞれの領域ごとに、新たに一連の変化が生み出されるのである。したがって、社会学者が実験的研究のあらゆる手順を等しく有効なものとして用いることはできないとしても、他を排して用いるべきほとんど唯一の方法である共変法は、社会学者の手中で非常に多産なものたりうる。この方法を適用すべき比類なき資源〔社会現象〕を、彼はもっているのだから。

とはいえ、この方法も、厳密に運用されなければ本来の結果を生み出すことはできない。非常にありがちなことだが、相互に脈絡のない複数の事例で事実が仮説どおりに変化したことを、そこそこ多くの例を挙げ示して事足れりとするのでは、何も証明したことにはならない。そうした散発的で断片的な一致からは、いかなる一般的な結論も引き出すことはできない。例を挙げてある考えを説明することと、これを証明することは同じではないのだ。必要なのは、孤立した変化を比較することではなく、できるかぎり断絶なく、なだらかに結ばれている諸変化の連なりを、また十分な範囲に広がり、規則性をもって構成されている諸変化の連なりを比較することである。なぜなら、一つの現象が示す変化から法則を帰納することができるのは、その変化が所定の状況におけるその現象の発展の様式を明瞭に表現している場合に限られるからである。そして、そのためには、そうした変化の間に、自然的進化のさまざまな時点の間にあるのと同じ連続性があること、さらにまた、これらの変化の描く進化が十分に長く続いており、その方向性を疑う余地がないことが必要である。

三

しかし、そうした変化の連なりを構成する仕方は場合によって異なる。この連なりには、ただ一つの社会から——または同じ種に属する複数の社会から——選んだ事実だけを含ませることもできるし、あるいは複数の異なる社会種から選んだ事実を含ませることもできる。

前者の仕方は、非常に一般的な、しかもそれについての十分広範囲にわたる多様な統計資料が存在するような事実に対してなら事足りる。例えば、十分に長い期間にわたる自殺の増減を示す曲線を、地方、階級、都市あるいは村落という居住環境、性別、年齢、法律上の身分（état civil）〔配偶者の有無など〕などに応じて自殺が示す変化と照らし合わせれば、研究を一国（pays）の外まで広げずとも、真正の法則を打ち立てることができる――その結果を同種の別の国民（peuples）に対してなされた別の観察によって確かめるのが常に望ましいとしても。ただし、このような限られた比較に甘んじていられるのは、今挙げたような社会的潮流、すなわち場所によってさまざまに変化しつつ社会全体に広がっているような社会的潮流を研究する場合だけである。これに対して、制度、法規則、道徳規範、組織化された習慣のような、一国の全域にわたって同一であり、同一の様式で機能し、時間的な変化しか示さない現象が問題になる時には、一国民だけの研究に閉じこもるわけにはいかない。というのも、その場合、証明の素材としては、ただ一対の平行曲線しか、すなわち当の現象の歴史的推移と、おそらくその原因と考えられるものの歴史的推移を示す合計二本の曲線しか、しかもたった一つのその社会についてしか与えられないからである。むろん、このただ一つの平行関係も、もしそれが恒常的なものであれば、それだけでもすでに注目すべき事実ではある。だがしかし、単にそれだけでは証明にはなりえまい。

けれども、同じ種に属する複数の民族（peuples）を考慮に入れるだけで、より広い領域を比較のために用いることができるようになる。すなわち、まず一つの民族の歴史を他の諸民族の歴史と突き合わせることで各民族をそれぞれ切り離して捉えた場合、同一の現象が同一の条件の変化に応じて時とともに進化するか否かを見ることができる。次いで、それら諸民族の多様な発展を相互に比較することができる。例えば、研究の対象になっている事実がその発展の頂点に達した時に示す形態を、それらの異なる諸社会の中で確定することになるだろう。それらの相異なる諸社会は同一類型に属しつつも明確な個性をもっているので、この頂点の形態はいずこも同じとはならない。だが、事例によって異なるとはいえ、多かれ少なかれ特徴的なものとなろう。このようにして新たな変化の連なりが一つ得られるわけだが、その上で、変化を規定していると考えられる条件がそれらの国の各々において同じ時点に示している変化とこれを比較するのである。例を挙げよう。まずローマ、アテナイ、スパルタの各歴史を通じて家父長制家族の進化をたどる。その後、同じこれらの都市国家を、その各々において家族類型が到達した最高の発達度に従って分類する。その上で、最初の検討の結果、家父長制家族を規定していると考えられた社会的環境の状態との関係においても依然として同じ仕方で分類されるのかどうかを確かめるのだ。

しかし、この方法は、それだけで十分であるとはとうてい言えない。実際、この方法は比較対象である民族が存続している間に新しく生じた現象にしか適用できない。ところが、一社会はその組織構成を一からすべて創造するわけではない。一部は先行する諸社会から既成のものとして受け継ぐのだ。このように伝えられたものは、その社会のいかなる歴史的発達の所産でもないため、その社会が属する種の境界から脱しないかぎり、説明されえない。ゆえに、この方法で取り扱われうるものはただ、その社会の元来の素地に付け加えられ、その素地を変化させる付加物のみである。だが、社会の発展段階を進めば進むほど、各民族が新しく得た属性は伝えられた属性に比べて取るに足らないものとなる。それに、このことはおよそ進歩というものの条件である。だから、歴史が始まって以来、家族法や所有権法や道徳の中に新たに導入されてきた要素は、過去から受け継がれた要素に比べれば、大した数もなく、また大して重要でもないのだ。したがって、このようにして生み出される新しい要素は、その根底をなす、より基礎的な現象を研究したあとにしか理解されえないし、またずっと広範囲にわたる比較を用いることでしか研究されえないのである。家族、婚姻、所有などの現状が説明されうるためには、それらの起源は何か、またそれらの制度を構成する単純な要素はどのようなものであるかを知っていなければならないだろう。しかし、こうした点についてては、ヨーロッパの主たる社会の比較史的研究は大した知見をもたらしてはくれまい。さらに遡る必要があるのだ。

したがって、ある特定の種に属する一つの社会制度を説明するためには、同じ種の民族だけでなく、先行するあらゆる種において、その制度が示すさまざまな形態を比較しなければならない。例えば、家族組織については、どうだろうか。その場合、まずこれまでに存在した最も未発達な類型を構成し、次いでそれが次第に複雑なものになっていく仕方を一歩一歩たどっていくことになるだろう。発生的とも呼ぶべきこのような方法は、現象の分析と総合を一挙に行うことになる。なぜなら、それは一方で現象を構成する要素が次々に付加されていくさまを明らかにすることで各要素を分離された状態で示し、他方では同時に、その広範な比較の領域のおかげで、それら諸要素の形成と結合を規定している条件をきわめて適切に決定しうる状態にあるからだ。したがって、多少なりとも複雑性をもつ社会的事実は、あらゆる社会種を通してその発展の全体をたどることによってのみ説明されうる。であるとすれば、比較社会学は社会学の一個別部門ではない。それが純粋に記述に徹するのをやめ、事実の説明を志向するかぎりにおいて、まさに社会学そのものなのだ。

さて、しかし、この広範な比較が行われる過程で、ある間違いが犯され、そのために誤った結果に導かれることがしばしばある。すなわち、社会的な出来事の発展方向を判断する際、それぞれの種の末期に生じる現象を、これに続く種の最初期に生じる現象と単純に比較する、ということが往々にして行われているのだ。実際、そのような比較の結果、例えば宗教的信仰やあらゆる伝統主義の衰退は諸民族の生における一時的な現象でしかありえないと言ってよい、と皆信じてしまった。というのも、そのような衰退は諸民族の存続の最終期にのみ現れ、進化が再び新たに始まるや否や、やむからである。だが、このような方法では、まったく別の原因の結果であるものを進歩の正常で必然的な進展と取り違えてしまう危険を免れない。というのも、若い一社会の状態は、この社会に取って代わられた先行諸社会がその寿命の終わりに到達した状態の単なる延長ではなく、先行諸民族の経験の所産をすべてすぐさま同化し、利用することを妨げるこの社会の若さそのものに、部分的には由来しているからだ。それは、子どもが両親から受け継いだ能力や素質を成長したあとでなければ発揮できないのと同様である。ゆえに、再度同じ例を用いれば、各社会の歴史の最初期に観察される伝統主義への回帰は、この同じ現象の衰退が過渡的なものでしかありえないという事実ではなく、新たに始まったあらゆる〔若い〕社会に特有の条件に起因している可能性がある。結局のところ、比較は、攪乱要素である社会の年齢を捨象しないかぎり、証明の役に立たないのである。そして、そうするためには、比較される諸社会を、それらの発展の同じ時期について考察すれば十分であろう。かくして、ある社会現象がどの方向に進化するのかを知るためには、各社会種の青年期におけるその現象の状態と、後続する種が青年期に示すその現象の状態が比較されるだろう。そして、この現象の強度が、段階を経るごとに増大したか、減少したか、あるいは変化しなかったかに応じて、この現象は進歩しているか、衰退しているか、あるいは同一状態で維持されているか、ということになるだろう。

原注

（1）『実証哲学講義』Ⅳ、三二八頁。
（2）『論理学大系』Ⅱ、四七八頁。
（3）『社会分業論』八七頁。
（4）差異法の場合には、原因の不在によって結果の出現が否定される。

結　論

要約すれば、本書で述べてきた方法の特徴は、以下のとおりである。

第一に、この方法はいっさいの哲学から独立している。もともと社会学は、諸々の偉大な哲学的教説から生まれてきたものであるため、密接な関係にある何らかの哲学体系を拠り所にする、という習慣を保ち続けてきた。それがために、何の修飾もない単なる社会学であることに満足すべきであるにもかかわらず、これまで順次、実証主義的社会学、進化主義的社会学、唯心論的社会学であったのだ。われわれとしては、社会学を自然主義的と形容することさえ、それが単に、社会学は社会的事実をその自然な本性に基づいて説明できるものとみなす、ということだけを意味するのでないかぎり、躊躇を覚える。もっとも、この場合、この付加形容詞はほとんど無意味である。というのも、自然主義的という形容詞は、単に社会学者は科学者であって神秘家ではないということを意味するにすぎないからである。けれども、もしこの語に社会的な物の本質についての教義のような意味が与えられるようであれば、例えばもし社会的な物は宇宙の何らかの力に還元されうるといったことが意味されるのであれば、われわれはこの語を拒絶する。社会学は、形而上学者たちを対立させているあの有力な仮説のいずれにも荷担する必要はない。すなわち、社会学は自由意志論も決定論もいずれも肯定する必要はないのだ。社会学が要求するのは、ただ因果律の原理を社会現象に適用するのを認めること、これだけである。ただし、この原理は、社会学では合理的必然性としてではなく、単に経験的な公準として、正当な帰納の所産として設定される。因果法則は自然の他の領域では検証済みなのだから、換言すれば、この法則はその支配領域を物理－化学的世界から生物学的世界へ、生物学的世界から心理学的世界へと次第に拡大してきたのだから、当然、社会的世界にも等しく妥当すると認めてよかろう。付け加うるに、今日に至っては、この公準を基礎として着手された研究が、その妥当性を実際に裏づけつつある。ただし、因果のつながりが本質的にいっさいの偶発性を排するか否かという問題は、だからといって一刀両断に解決されるものではない。

さらに言えば、社会学からのこの解放によって哲学自体が得るものも大きい。なぜなら、社会学者は哲学者の衣《ころも》を十分に脱ぎ捨てないかぎり、社会的な物をその最も一般的な側面から、言い換えれば宇宙の他の諸物と最も類似している側面から考察するにとどまるからだ。およそこのように解された社会学は、ものめずらしい事実を例として挙げることで哲学を分かりやすく語る役には立つとしても、その研究対象の内に何も新たなものを見出し、示すことはないのだから、新たなまなざしで哲学を豊かにすることはできないだろう。だが、実際には、社会的領域の本質をより明確に示す専門化された形態においてこそ、他の諸領域における基本的な事実を社会的領域の内にも認めることができるのだ。そうした形態は社会的領域の最も高度な表現なのだから。ただし、この見地からそうした事実を捉えるには、一般論を脱して事実の細部に立ち入らなければならない。このようにして、社会学は、専門化されればされるほど、哲学的反省に対していっそう独創的な素材を提供することになろう。これまで述べてきた中でも、すでに、種、器官、機能、健康と病い、原因と目的といった本質的な概念がまったく新たな光の下に照らし出される様子をかいま見ることができた。さらに言えば、単に心理学の基礎であるにとどまらず、確かに哲学全体の基礎になりうるあの観念、すなわち結合（association）の観念を浮き彫りにすることは、社会学の使命ではなかろうか。

われわれの方法はまた、〔哲学的教説に対してのみならず〕実践的教説に対しても、社会学の独立性を保つことを可能にし、かつこれを命じる。つまり、このように理解された社会学は、言葉の通俗的な意味で個人主義的でも、共産主義的でも、社会主義的でもないだろう。社会学は、その原則に従って、これらの理論を科学的価値の認められないものとして無視するだろう。というのも、こうした理論は事実を表現するのではなく、事実を作り直すことを直接目指しているからである。にもかかわらず社会学がこれらに関心をもつとすれば、それは、社会に作用している諸々の欲求《ニーズ》を明確に示し、もって社会的現実を理解するのに役立つような社会的事実がこうした理論の中に見出されるかぎりにおいてである。しかしながら、このことは社会学が実践的な問題に無関心でなければならないということを意味するわけではない。むしろ逆に、これまで述べてきたことでお分かりのとおり、われわれの変わらぬ関心事は、社会学が実践的な結論に達しうるようにこれを方向づけることにある。社会学は、その研究の果てに、必然的に、実践的な諸問題に遭遇する。だが、実践的問題が社会学に現れるのはその時点が初めてであるということ、したがってそうした問題は熱情からではなく事実から引き出されるということ、これだけでもすでに、そうした問題が世間一般の人々に対するのとはまったく別の言葉で社会学者に提起されなければならないことが予見できる。また、社会学者がもたらしうる解決策——といっても完璧な策ではないが——が諸党派の固守する解決策のいずれとも厳密には一致しえないことも予見できるのである。いずれにせよ、この観点から見た社会学の役割とは、まさに次のようなものでなければならない。すなわち、諸々の教説に対して、別の一教説を対置することによってではなく、諸物との直接の接触を通じて科学だけがもたらすことのできる、こうした問題を前にした場合の特別な態度を精神に身につけさせることによって、あらゆる党派からわれわれ自身を解放すること、これである。実際、ただ社会学だけが、いかなる歴史的制度であっても、物神崇拝に陥ることなく、尊敬の念をもってこれを取り扱うことを教えられるのだ。それは、そうした制度が必然的なものであると同時に一時的なものであるということを、またそれらが抵抗力と無限の可変性をもっているということを、社会学がわれわれに感得させるからなのである。

第二に、われわれの方法は客観的である。それは、社会的事実が物であり、そのようなものとして取り扱われなければならない、という見解に完全に貫かれている。この同じ原理が、少々異なる形ではあるが、コントやスペンサー氏の教説の基礎にも見出されるのは確かである。ただ、これらの大思想家たちは、この原理を実践に移したというよりも、むしろこの原理に理論的な定式を与えたのだ。しかし、この定式を死文のまま終わらせないためには、宣言するだけでは足りなかった。科学者がその研究対象に取り組もうとする、まさにその瞬間に彼を捉えるような、そしてまた研究の進行過程全体にわたって、その一歩一歩に付き従うような規範（discipline）全体の根底にこれを据えなければならなかったのだ。そして、そのような規範を打ち立てることこそ、まさにわれわれが本書の中で専心してきたことなのだ。すなわち、われわれはこれまで「社会学者が事実そのものに対する際、なぜすでに抱いてしまっている先入観を退けなければならないのか」、「なぜそうした事実をその最も客観的な属性によって捉えなければならないのか」、「事実を健康なものと病的なものに分類する手段を、なぜ事実そのものに求めなければならないのか」、そして最後に「なぜ社会学者が試みる説明に対してだけでなく、その説明〔の正しさ〕を証明する仕方に対しても同じ原理を適用しなければならないのか」を示してきたのである。というのも、ひとたび物が現に存在しているという実感が得られてしまえば、もはや人は功利的計算あるいはいかなる種類の推論によっても物を説明しようなどとはあえて考えないものだからだ。かくかくの原因としかじかの結果の間に隔たりが存在するということは、誰しもよく理解している。そして、物とは力であり、この力は別の力によってしか生み出されえない。だから、社会的事実を説明するために、その事実を生み出しうるエネルギーが探し求められる。こうした場合の説明は、他の説明とは異なるだけでなく、その説明の証明もまた他とは異なる仕方で行われる。

というよりもむしろ、このとき初めて説明に証明を与える必要が感じられるのだ。実際、もし仮に社会学的現象が客観的な観念の体系にすぎないとすれば、それを説明するということは、論理的な順序に従って描き直すだけのことになる。そのような説明は他のものに証明される必要などなく、説明自身が自らの証明となろう。せいぜいのところ、少々の例を挙げて確認する余地が残るにすぎない。これに対して、物の奥底に隠された秘密を暴き出すことができるのはただ、系統立った経験的研究だけなのだ。

だが、われわれが社会的事実を物のように考察するといっても、それは社会的な物として、ということである。これが、われわれの方法をほかならぬ社会学的なものにしている第三の特徴である。これまでしばしば社会現象は、そのあまりの複雑さのために科学的な扱いを受けつけないように見えたり、人間心理や有機体の要素的条件に還元されないかぎり、つまり社会現象としての固有の性質を剝ぎ取られてしまわないかぎり、科学の対象範囲に入れることができないように見えたりしてきた。これに対して、われわれは、社会現象に特有の性質を何ら取り除くことなく、これを科学的に取り扱うことができる、ということを立証しようと企てたのだ。さらに、われわれは、社会現象を特徴づけるあの一種独特の非物質性を、複雑な心理学的現象の非物質性に還元する――といっても、これもすでに複雑な現象なのだが――ことさえ拒否した。ましてや、イタリア学派に倣って、これを有機的物質の一般的属性に含めて解消してしまうようなことは、厳に差し控えたのである。[1] われわれは、ある社会的事実は別の社会的事実によってのみ説明されうることを示した。そして、同時に、集合的進化の主たる原動力を内的社会環境の中に指摘することで、この種の説明がいかにして可能であるかを明らかにした。したがって、社会学は他のいかなる科学の付属物でもない。社会学は、他とは明確に区別される、それ自身で自律した一科学であり、社会的現実が独特のものであるという感覚は、社会学者にぜひとも必要なものでさえある。実際、社会的事実を理解できるようになるのは、ほかならぬ社会学の素養を身につけることによってのみなのだから。

以上の進歩は、社会学が今後、成し遂げるべく残されている諸々の進歩の中でも最も重要なものだとわれわれは考えている。確かに、一つの科学が生まれつつあるとき、それが形をなすためには、既存のモデル、すなわち既成の諸科学に準拠するほかない。それら諸科学は先行経験の宝庫であり、これを利用しないのはまったく愚かしいことである。しかしながら、一科学は、独立した個性（personnalité）をなすに至らないかぎり、その構築を完成したとみなすことはできない。なぜなら、一科学は、他のどの科学も研究していない一群の事実を研究対象にして初めてその存在理由をもつのであり、また、同じ観念が本質を異にする他の物にも変わらず適合しうるなどということはありえないからである。

以上、こうしたものが社会学的方法の原理であるようにわれわれには思われる。

このような規準の総体は、通常用いられている手続きに比べて、不必要なまでに複雑であるように見えるかもしれない。確かに、従来これに携わる者に対して一般的で哲学的な素養しかほぼ求めてこなかった一科学にとっては、誤謬予防のためのこのような道具立ては、あまりに手間のかかるものと思われるかもしれない。実際、この方法を実践に移せば、社会学的なものに対する興味関心が世間一般に広く喚起される、というような結果は、まず確実に得られない。この方法は、社会学への入門の前提条件として、これまで習慣的に用いてきた物の見方を破棄し、新たに苦労して考え直すよう人々に要求するのだから、多数の顧客の獲得など期待すべくもない。しかし、われわれの企ての目的は、多数の顧客の獲得ではないのだ。むしろ、反対に、社会学がいわゆる世俗的な成功を放棄して、およそ科学というものにふさわしい秘教的な性格を獲得すべき時期が到来していると思われるのだ。こうして社会学は通俗的な人気においておそらく失うものを、威厳と権威において取り戻すであろう。というのも、党派間の抗争に明け暮れているかぎり、また世間一般の人々以上に論理を弄し、通念をもてあそぶことに甘んじているかぎり、したがっていかなる専門的な能力も前提とせずにいるかぎり、社会学は激情と偏見を黙らせるに足るほどの重みをもって語る資格をもたないからである。確かに、社会学がこのような役割を実際に果たすことができるようになるのは、まだ先のことだろう。そうだとしても、社会学がいつかはこの役割を遂行できるように、われわれは今から努力しなければならないのだ。

原注

(1)　したがって、われわれの方法を唯物論的と評するのは的外れである。

訳者解説

I　社会の不在："There is no such thing as society"

かつて、「鉄の女」と称されたイギリス元首相マーガレット・サッチャー（Margaret Thatcher）（在任一九七九―九〇年）は、国に頼らぬ自助努力を国民に求めて言い放った。「社会とはいったい誰のことでしょう。そんなものは存在しません！（Who is society? There is no such thing!）」（*Woman's Own* 誌インタビュー、一九八七年九月二三日）

確かに、言われてみれば、社会というものは実際に存在すると言えるのだろうか。個人は否定しがたく存在するとしても、そしてその個人は複数存在し、いわば諸個人は存在するとしても、その事実からただちに社会が存在する、と言ってしまってよいものだろうか。いったい社会とは何か。それは、どのような実在性／現実性《リアリティ》をもつ、どのような事実《ファクト》なのか。本書は、この一種捉えどころのない社会なるものを、独特の客観的な事実として把持することによって、「社会学」という新しい学問の礎を築いた記念碑的著作である。

II　エミール・デュルケームとその社会学

社会学史上、近代的な社会科学としての社会学は、一九世紀末から二〇世紀初頭にかけて、ドイツとフランスで成立したとされている。そして、ドイツにおけるマックス・ヴェーバー（Max Weber）と並んで、フランスにおけるその創始者と認められている人物こそ、本書の著者エミール・デュルケームである。

この新たな科学創建の高らかな宣言と言える本書の内容について論じる前に、やはりデュルケームとその社会学について説明しておく必要があるだろう。だが、そうしたものは、かつてと異なり、今日では社会学の入門書・教科書から専門的研究書に至るまで、非常に多くの場で――それも日本語で――言及され、詳しく解説されている。デュルケームに関する学会報告も数多く、一般参加が可能なシンポジウムさえ――それも日本で――しばしば開催されている。であれば、あえてここでデュルケーム社会学に関する一般的な情報を詳しく叙述する必要はもはやなかろう。そこで本解説では、デュルケームという人物を表すいくつかの伝記的事実、および彼の社会学の特徴とその社会学史上の位置づけについて、ごく簡単に概説するにとどめよう。

デュルケームという人物について

エミール・デュルケーム（Emile Durkheim）は、一八五八年にフランス東部ロレーヌ地方の街エピナル（Epinal）で、ユダヤのラビ（聖職者、律法学者）の家系に生まれた。一八七九年、パリの高等師範学校（Ecole Normale Supérieure）に入学。同窓にはジャン・ジョレス（Jean Jaurès）、アンリ・ベルクソン（Henri Bergson）がいる。一八八二年に同校を卒業し、以後、数校のリセ教授、ボルドー大学教授、パリ大学教授を歴任した。この間、客観的事実に基づいた実証主義的社会学の確立に尽力し、『社会分業論』（一八九三年）、『社会学的方法の規準』（一八九五年）、『自殺論』（一八九七年）、『宗教生活の基本形態』（一九一二年）など、今日ではいずれも社会学の古典とみなされている豊穣な著作を発表する。また、雑誌『社会学年報』（一八九六年〜）を創刊し、マルセル・モース（Marcel Mauss）やモーリス・アルヴァックス（Maurice Halbwachs）ら多くの弟子を育て、学派としてまとめ上げた。こうした活動を通じて、それまでにない新たな一近代科学たる「社会学」を確立し、その創始者となる。そして一九一七年、パリにて没した（享年五九）。

デュルケーム社会学の特徴と位置づけについて

デュルケームの作り上げた社会学の特徴をきわめて簡潔にまとめれば、次のようになるだろう。

「社会現象に対する探究を、哲学や心理学から区別し、社会を全体として、客観的に、事実として捉えうることを主張し、社会に対する科学的研究の規準を定めた。また、自ら確立した社会学的方法を用いて、分業や自殺など、近代社会において大きな問題となった社会諸現象に関する研究を進めた。同時に、教育思想史を踏まえた実践的な研究も行う。後年には、社会そのものの源泉をいわゆる未開社会における宗教に見出し、オーストラリアのトーテミズム研究などを通じて社会の生成原理とその機制を問うた」。

むろん、このような独創的で新奇な一科学たる「社会学」を、デュルケームが何の脈絡もなく突然創造したはずはない。そこには前提となる歴史的条件が存在していた。実際、彼の社会学は、いわゆる世俗化過程の進展、近代社会の進展という時代の申し子でもある。例えば、彼の社会学の構築作業は、旧来の宗教的な（直接には王政を支えたカトリシズムの）世界認識枠組みに取って代わりうる、世俗的な（共和政を支える）世界認識枠組みの構築作業として、時の政府に期待され、支援されていた。つまり、一面では、社会学という科学そのものが、新時代に安定した統治をもたらす一種の世俗宗教として要請されていたのである。

こうした歴史性の具体的な全体像、すなわちフランス第三共和政とドレフュス事件といった時代状況とデュルケーム社会学誕生の関係について、またデュルケームに先行あるいは後続する時代と思想との連関については、拙著『トクヴィルとデュルケーム――社会学的人間観と生の意味』（東信堂、二〇〇五年）および『「社会」の誕生――トクヴィル、デュルケーム、ベルクソンの社会思想史』（講談社選書メチエ、二〇一一年）を参照されたい。そうすれば、本書の意義を社会学史、社会思想史の中に適切に位置づけ、理解することができるだろう。

デュルケームの死後、彼の創始した社会学は、フランスを越えて、また社会学という枠をも越えて、多方面に多大な影響を及ぼした。機能主義やシステム論といった社会学の主要な理論的潮流のかなりの部分が、さらに言えばエスノメソドロジーでさえ、デュルケームの社会学から着想を得、自らの源泉としている。教育学、教育社会学においても同様である。また、先に挙げた弟子（甥でもある）マルセル・モースからはクロード・レヴィ＝ストロース（Claude Lévi-Strauss）へと続く人類学の系譜が生じるなど、この意味でもやはりデュルケームは、押しも押されもせぬ社会学の、さらには近代社会諸科学の偉大な創始者の一人だと言えよう。

Ⅲ　社会の実在：individualité, sociabilité et objectivité

以上を踏まえて、本書の内容の解説に入ろう。とはいえ、すでに数度邦訳され、解説が付されてきた本書である。今日求められるのは、一二〇年以上も前に著された本書を今読むことの意義だろう。

一つの学問分野の古典、すなわち不朽の著作であるだけに、そのような意義はいくつも挙げられる。例えば、本書第一章および第二章の議論からは社会学の規範性が認識論的に論じられようし、第三章からは犯罪のいわゆるラベリング理論を、ひいては社会構築主義を再検討することができよう。さらに、第四章の議論からはいわゆる未開社会と近代社会の関係、ひいては人類学と社会学の関係を、第五章からは機能主義という思考様式を、第六章からは社会科学における論理性そのものを、今日改めて俎上に載せ、グローバリゼーションをはじめとする二一世紀の諸々の現実に具体的に照らして再考することもできるだろう。以上の問題は、すべて長年論じられてきたものであるが、最終的な解決を見たものは一つとしてない。その意味において、これらはすべて本書の現代的意義と言えるだろう。

ただ、そうしたありうる多くの意義の中から、あえて一つを取り上げて詳論するとすれば、本書の基底的なモティーフに関わる意義を、さらにまたわれわれ各個人がまさにこの現代社会に生きていることの根源を照らしてくれるような意義を選ぶべきだろう。それは、われわれ全員が共有する、そして全員が逃れられない現実なのだから。つまり、冒頭で挙げた、あの「社会の実在／不在」の問題だ。

本書が「物としての社会的事実」なる概念を提示し、社会の客観的な（objective）実在を主張するものであることは、誰しもただちに読み取れよう。と同時に、本書におけるこの主張そのものは、事実の解明の結果として得られた結論であるというよりも、一種の宣言あるいは立場の表明であることもまた、ただちに読み取れよう。他所でも多く解説されているこの主張については、したがって、ここで重ねて分析することは控えたい。それは、より広い思想史的観点から分析しうる場に譲ろう（上記の拙著で詳論した）。ここでは、あくまで本書の内容に即して、別の観点から社会の実在の意味——あるいは個人の実在の意味——を引き出しうることを示してみよう。

社会有機体と社会的生

本書を読み通した読者は、全体にわたって生物学のアナロジーが多用されていることに気づくだろう。例えば、正常（健康）と病理（病い）の区別（第三章）、生物学上の分類（種、属など）に範を求めた「社会類型（type social）」、「社会種（espèce sociale）」の概念（第四章）、結合（association）における生体細胞と個人の原理的同一性（第二版序文、第五章）、さらには、あちらこちらに散見される「社会有機体（organisation sociale）」、「社会体（corps social）」（「社会的身体」、「社会的肉体」とも翻訳可能）なる表現、等々である。

こうした立論や概念、そしてその表現は、一見、説明のためのただの例示のように思われるし、また実際、例として読者の理解を助けていることも確かであろう。だが、単なる喩えにすぎないのかと言われれば、一概にそうとも言いきれない。

標準的な学説史としては、デュルケームは、コントとスペンサーの社会学を「実証主義的形而上学」（第一版序文、本書二二頁、原注(2)）として厳しく断じ、「社会的事実を物のように考察する」（第二章冒頭、六六頁）ことを宣言して、自らの社会学の実証性、客観性、事実性と対照させることで、彼らの非実証的な社会理論を乗り越えたことになっている。そして、それは全体としては正しい。

しかし、今日本書をひもといた読者は、両者がそれほど明確に分けられるものではないことに気づかれたことと思う。実際、デュルケームの実証主義的社会観は、コントやスペンサーら前世代の社会有機体説を意外にも直接に、色濃く受け継いでいるのだ。典型的には次の箇所である。

社会が個人以外のものを含んでいないのと同様に、生体の細胞も無機の分子以外の何も含んでいない。それでも、生命に特徴的な現象が水素、酸素、炭素、窒素といった原子の内に宿っている、などということはありえないのは明らかである。〔…〕生命とは、そのように分解されうるものではなかろう。生命とは一つのものであり、ゆえにそれが位置するのは、その全体としての生ける物質にしかありえない。生命は、部分の内にではなく、全体の内に存するのだ。〔…〕

では、この原理を社会学に適用してみよう。〔…〕あらゆる社会を構成しているあの、一種独特の総合が、孤立した意識の内に生じるものとは異なる新たな現象を生み出すのだとすれば、この独特の事実〔社会的事実〕は社会の部分、すなわち社会の成員の内にではなく、その事実を生み出した社会そのものの内に存する、ということをはっきり認めなければならない。ゆえに、この意味において、この独特の事実は、生命特有の性質が生体を構成する無機物に対して外在的であるのと同様に、あくまで個別的なものと捉えた場合の個人意識に対して外在しているのだ。（第二版序文、三一―三三頁）

> 個人が除外された今、残るものは社会のみである。ゆえに、社会的生の説明を求めて赴くべき場所は、社会それ自体の性質の中になる。実際、社会は時間的にも空間的にも個人を無限に超えている〔…〕。（第五章、一八〇―一八一頁）

つまり、まずもって個人とは、分子や原子に比すべき客観的実在であることが提示される。その上で、社会は、そうした個人から明確に区別され、個人意識とは別の、これに外在する、それ自身、あたかも生物有機体たる一全体であるかのように観念されている。かくして、社会はそのような客観的実在であることが示されるわけだが、これは単なる比喩とは捉えられない。というのも、この論理によって、社会は個人によって創造されるものではなくなっているからである。そこで個人意識は、社会がそこから発する起点ではなく、いわばその成分であり、かえって社会こそが客観的に実在する意識体であるかのようにさえ読み取れる。

ここで反論が即座に提起されよう。「社会は個人の『一種独特の総合』から生まれる、とあるではないか。その意味で、社会はやはり唯一の意識主体たる個人が生み出すものではないか」と。だが、この総合は、決して事実の経過や社会生成の過程を説明するものではない。それは、生体細胞が無機の分子の総合から成っているという事実が、後者が前者を文字どおり生み出していることを意味するものではないのと同じである。それは、総合という原理、結合の構成の説明にすぎない。

要するに、デュルケームが思い描いている社会とは——今日われわれが抱く、個人意識の確かな実感に反して——それに先立って個人が実在するような社会、言い換えれば、個人が社会の存在／不在にかかわらず意識主体として実在し、その個人が協力し、結合して創造するような社会ではない。そうではなく、彼が観念しているのは、個人と社会が不即不離の関係にあるような存在の様態、全体として分割不可能な一つの生命である人類＝人間性《ヒューマニティ》の存在様態なのだ。

このことを敷衍すれば、個人的生と社会的生は、個人と社会という異なる二つの視角から、同じ一つの不可分の「生」というものを照らし出して初めて現れる区別にすぎない、とも言えよう。つまり、人がともに生きているという現実の全体を客観的な事実として捉えようとしたデュルケームにとって、両者は生という現実の二つの側面であり、表裏一体のものなのである。

社会の不確実さと現代社会

このような、物としての社会的事実の客観的な存在を主張しつつも先行世代の社会有機体的社会観を色濃く残した一種折衷的なデュルケームの社会概念は、むろん不安定なものである。この不安定さを、一九世紀の前実証主義的な（ないしは疑似実証主義的な）思考様式から二〇世紀の実証主義的なそれへの移行期における過渡的な混乱とみなすこともできよう。だが、実のところ、この問題は二一世紀に生きるわれわれ自身の社会観にも引き継がれているのではないだろうか。

実際、本書を読み解いてきた読者には、そもそも社会なるものの存在を主張することそれ自体が、相当程度うさんくさく感じられているのではないだろうか。本書における社会の存在そのものに、空想性や妄想性が、そしてデュルケームが否定したはずの形而上学性が、さらには一種のオカルト性さえ感じられるのではないだろうか。

例えば、本書において社会性は「集合的な魂」（第一章、五九頁）などと表現されているし、その構成に至っては、次のような記述をもって語られさえしている。

> 社会的生を説明するものは、まさにこの化合なのである。個々人の魂は、凝集し、相互に浸透し、融合することによって、心的と呼びたければ呼んでもよいが、あくまでも新種の心的個性をなす一つの存在を生み出す。（第五章、一八二頁）

つまり、明らかに生体ではなく、そもそも物体（物質）でさえない「社会」なるものが、オカルトまがいの語りをもって生物有機体と同一視されているように、要するに「不可視の何ものかがここに存する」と主張されているように感じられるのだ。

ところが、仮にこの印象が的を射ているとしても、だからといって、これを近代社会学揺籃期の未熟さと断じて問いを終わらせることはできまい。なんとなれば、もし社会の実在を空想や妄想の一種と位置づけてしまえば、現代社会学も、さらにはわれわれが日々そのただなかで生きている（はずの）現代社会というものそれ自体も、空想や妄想とみなされかねないからだ。

現にわれわれは「社会は物質ではないこと、にもかかわらず何らかの意味で実在すること」を「経験的現実」として、そして「客観的な事実」として自然に受け入れていないだろうか。実のところ、先に挙げたデュルケーム社会学の発展としての機能主義やシステム論などは、その最も先端的なものですら、表現や精緻さは異なれども、本質的にはこの同じ視角を前提としているようにさえ感じられる。

いったい社会はあるのか、ないのか。あるとすれば、どのような意味で存在し、またわれわれ各人はそれとどのように関わっているのだろうか。

個と社会

この問いを、ここでは本書の翻訳の問題として示してみよう。

訳語選択に関わることだが、本書で言う「個人（的）(individuel)」とは実のところ必ずしも「人」を指しているわけではない。本文中では現代の読者の便を考慮して「個人」と訳したが、この語は「個別性」あるいはあえて「個性」とも訳すべき individualité を有することを意味する語として用いられており、ただちに「個人」を指しているわけではない。したがって、本文中で「個人意識」と訳した conscience individuelle、「個人的生」と訳した vie individuelle は、それぞれ「個的意識」、「個的生」とも訳しうる。

だが、そのような包括的な意味で用いていること、すなわち文脈によって訳し分けられないほど「個性」と「個人性」を重ね合わせ、両者を区別しないまま語っていること、そのことと自身にデュルケームの社会観が如実に表れている。端的に言って、本書における individuel とは、自然的存在である人体の社会的属性としての個（人）性を指しており、今日われわれがこの語から想起するような近代的個人を指しているわけではない。individuel は主体的行為の起点ではなく、ましてや〈私〉などというものではない。それは区分（division）という視角から捉えられた全体である。それは、あくまでも「諸個」である。つまり、ここに個人というものの本源的社会性が現れているのだ。

というのも、先に見たとおり、デュルケームは、自然的存在としての人が集まって社会を創造・発起する、という図式を描いているのではないからだ。むしろ、本書では、生体の細胞や人体の諸器官がその全体としての身体なくしてはありえないのとまったく同じ意味において、それが生であるがゆえに個（人）的生は社会的生と原理的に不可分であることが、そしてその意味で個人の存在は社会の存在と同義、とまでは言わずとも、同時的なものであり、両者は表裏の関係にあることが、まさしく社会的事実として描かれているのだ。

だが、このことは個人が社会の「部品」であることを意味するものではない。それはあくまでも生（vie）なのだから。つまり、ここで人は個的な生を生きる物として捉えられている。つまり、常に創造し、自ら変容を遂げる物、すなわち「生ける物」としての社会とまったく同じ意味において、「生ける物質（身体）」として捉えられているのであり、その意味において、社会と個人は同質的で対等な生ける物として捉えられているのだ。だからこそ、それらは vie sociale, vie individuelle と表現されているのである。

冒頭に引いたサッチャーの台詞には、次の言が続く。「〔実際に〕存在するのは、個々の男女です（There are individual men and women）」。だが、もはや明らかなとおり、個人の存在を認めるということは、すなわち社会の存在を認めるということなのだ。いずれか一方だけを認めるというのは原理的に不可能である。社会がなければ個人はなく、個人がなければ社会もないのだ。

社会を成す／為すということ

社会は物質ではないことからして、そもそも社会それ自体は有機体そのものではない。だが、われわれ各人が個人であるかぎりにおいて、社会は必然的に存在せざるをえない。このことは、裏を返せば、われわれ各人が——世界にただ一つの（unique）意識存在たる〈私〉、独我・唯我ではなく——自立した生を生きる、自由な存在たる個人でありたいと願うのなら、社会を形成し、維持する、というある種の行為を、ある努力をしなければならないということを意味している。社会は自然物（objet naturel）ではないのだから。

この努力とは、とりもなおさず、他者を——友として、あるいは敵として——人間扱いすることで、他（の）人（間）なるものを存在せしめる、という能動的行為のことである。すなわち、それは他者を自分とまったく同じ意味における人間として対象化する（objectiver）

ことであり、この意味においてこそ「諸個人がともに生きる場」としての社会は、把握可能な一対象（objet）としてわれわれに現れ、すなわち客観的な（objective）実在たりうるのである。本書が主張する社会的事実の客観性＝対象性（objectivité）の根拠は、したがって究極的にはここに存する。それは日々の実践であり、われわれが社会的存在として生きること＝社会的生を営むことと同義である（この点については、上記の拙著および『「社会《コンヴィヴィアリテ》」のない国、日本——ドレフュス事件・大逆事件と荷風の悲嘆』（講談社選書メチエ、二〇一五年）で詳しく論じたので、ご一読いただければと思う）。

この意味において、実在する個々人に自助努力を求めたサッチャーは、彼女自身の意図に反しつつ、いや、反するがゆえに、正しい。**社会は、常に練成中の（élaborant）「諸個（人）」として、「objective に」存在する**のだ。

先に私は、社会を生み出す個人の一種独特の総合とは、その生成の実際の過程ではなく、その構成の原理にすぎない、と述べた。この原理を、ここで正確に理解することができる。すなわち、社会の生成とは、人による文字どおり絶え間のない努力の過程であり、この過程において同時に社会的存在たる個人が生まれる。諸個人の結合によって社会が生まれる、という命題は、この過程の一側面を指すものでしかない。諸個人とは、それがともに生きる場である社会を前提として、初めてありうるものなのだから。それは社会的生を営むものなのだから。そして、この絶え間ない努力の過程全体を捉える原理こそ「一種独特の総合」なのである。それは動的な原理であり、過程であるところの原理なのだ。

本書の〈社会的〉意義

近代社会の諸矛盾が頂点に達し、全般的な混乱と危機の時代であった一九世紀末。そんな時代に著された本書を、グローバリゼーションとナショナリズムの狭間で、また宗教的原理主義や民族主義の暴発に翻弄される二一世紀初頭の今日、あえてひもとく最大の意義。それは、まるで社会が分解しつつあるようなこの世界の現状に鑑みるとき、やはり、以上示してきた「社会の実在／不在」の問題の提示に、すなわち「個人たりうるかぎりでの社会／社会たりうるかぎりでの個人」という認識の「objective な」提示にあるように私には思われる。本書の基底的モティーフであるこの問題は、本書の主題たる社会学的認識の存立基盤の問題であることを越えて、われわれ現代を生きる人間がいずこでいかに生きるのか、という実践をも規定する根源的な問いになっている。だからこそ、ここに本書を読み解く最も重要で現代的な〈社会的〉意義が存するように思われるのだ。人が個人でありたいのなら——他者を出し抜き、あるいは貶《おとし》める努力に明け暮れるのをやめて——社会をなす努力をしなければならない。さもなければ、人類（humanité）は「社会」であることをやめ、「群れ」となるだろう。人は「個人」であることをやめて、「人体」となり、やがては「(生なき）物」となるだろう。

Ⅳ　訳出作業について

今回の訳出にあたっては、必ずしもこなれていない原文の味わいを損なわない範囲で平易な訳を心がけた。デュルケームの文章には、例えば同時代のフランス人哲学者ベルクソンの、韻を踏み、心地よいリズムをもつ流麗な文章と比べると、同じ語句や表現の繰り返し、過剰とも思われる限定や但し書きが多く見られ、全体として、悪文とまでは言わずとも、武骨な文章であることは否定できない。

だが、この武骨さは、新たな学問の創造に向かって苦闘するデュルケームの煩悶の表れだ。だからこそ、この訳書では、彼の文章の「読みづらさ」を崩さない範囲で「読みやすく」訳出した。そのため、ややもすると日本語としては文章の流れが悪い――表現が硬い、くどい、一文が長すぎるなど――と感じられる箇所もあろう。そうした点も含め、不備はすべて訳者の責任である。諸氏の御指導、御鞭撻を待ちたい。

また、本書の訳出に用いた多くの資料の入手に際して、ＪＳＰＳ科研費「社会学のディシプリン再生はいかにして可能か――デュルケーム社会学を事例として」（課題番号１５Ｈ０３４０９）の助成を受けた。

以下、本書の構成と訳語選択について、いくつか補足しておきたい。

まず、「第二版序文」と題された文章は、序文と名づけられてはいるものの、実際には本書の初版刊行後に寄せられた読者からの批判に応えて、のちに著されたものである。したがって、この文章をいわゆる「序文」と捉えてはじめに接した読者は、面食らい、その内容も十分には理解できないだろう。第二版序文は、できれば本書を結論まですべて読了したあとにお読みいただきたい。そうすれば、そこで論じられている内容をより深く理解することができるだろう。

次に、タイトルにある「規準」は règle の訳語であること、つまり現代日本語の中で原語に最も近い単語は、実は「ルール」であることに注意してほしい。ただ、「ルール」が外来語であること、また意味上近しいとはいえ、やはり重ならない含意もあること、そして、そうした欠点をおしてまで定訳を変更する必然性を感じられなかったことから、従来どおり「規準」の語を採用した。

だが、それでも、「基準」と混同しないよう——本文中にこの語も現れるため、なおさら——読者には注意を促したい。デュルケームが本書で提示しようとしているのは、決して「基準」、すなわち「クライテリア (critère)」や「スタンダード (standard)」ではなく、あくまでも、社会学的研究を行うのであれば必ず遵守されるべき「ルール」であること、その意味で紛うかたなき「規範」であることを常に念頭に置いて読まれたい。

また、「社会的生 (vie sociale)」について。本解説中でも見たように、vie の語は、現代日本語の「生活」の語感ではなく、むしろずっと「生きるということ」、すなわち訳語としては「生命」に近い意味合いで用いられている。そこで、いささかこなれない語ではあるが、あえて「社会生活」とはせず「社会的生」と訳した。これとほぼ同義の「共同的生(vie commune)」、またこれらと対をなす「個人的生（vie individuelle)」についても同様である。

さらに、「拘束（contrainte)」について。社会的事実の性質の説明で多用されるこの語は、これまで一般的に「拘束」と訳されてきた。しかし、デュルケーム自身が挙げている諸例から分かるとおり、この語は必ずしも「拘束」、すなわち「動きを止めること」を意味するだけではない。それはさらに、外部から圧力をかけて「むりやり動かすこと」も含んでいる。ゆえに、この語の訳として「強制」ないしその類語をあてることもできよう。実際、本文中の contrainte の説明では、明確に強制を意味する coercition の語も用いられている。だが、「拘束性」という訳語は、「外在性」とともに社会的事実の二大属性を表す語として、今日では社会学の入門書・一般書にさえ広まっている。そんな中で、社会学の初学者が必ず出会うであろうこの古典書の訳語を今変更することによる不便益は見過ごせないと判断し、旧来どおり「拘束」と訳した。

「道徳的（moral)」について。この語の含意は、日本語の「道徳的」よりかなり広い。「倫理的」なニュアンスは必ずしも強いとは限らず、単に「精神的」あるいは「非物質的」、場合によっては「社会的」と訳すこともできる。だが、そうした含意がすべて一語で表現されていること自体が本書の意義であるため、可能なかぎりあえて「道徳的」と訳し通した。この語の名詞形ほかの派生語についても、むろん同様である。

最後に、「環境（milieu）」について。本書では「社会的環境（milieu social）」、「内的社会環境（milieu social interne）」などとして現れるこの語は、「場」や「界」と訳すこともできる。というのも、フランス語で一般に用いられるこの語の含意はかなり広く、空間的な場所（lieu）と対比または重複させて用いられたり（ピエール・ノラ（Pierre Nora）の「記憶の場所」論など）、あるいは（人や物のみならず）その場の規範や雰囲気をも含む、いわば「世間」のようなもの（例えば「文壇」、「金融界」、「やくざ社会」など）を指す際に用いられたりもする。つまり、「環境」という日本語を見た読者が最初に思い浮かべるであろうフランス語 environnement の意味を含んでいるとはいえ、そこに一定のずれがあることは否めない。

しかし、本書でデュルケームがこの語を用いる時には、そうした広がりをもった意味合いはあまりなく、むしろ社会形態学の文脈で語られている。ゆえに、無理に「場」や「界」と訳せば不自然になる箇所が多々あること、また当時の思潮に鑑みると、この語はクロード・ベルナール（Claude Bernard）の生理学を背景とする生物学や結晶学のニュアンスを念頭に置いて使われていると考えられ、かつまた、ベルナール研究において「（内部）環境」の訳語が定着していることから、今回の訳出にあたっては「環境」とした。

謝辞

本書には、デュルケームに先立つ多くの学者の思想や言葉が陰に陽に用いられている。そうしたものを、それぞれの専門研究領域の到達点を踏まえて翻訳するために、次に挙げる先生がたから御協力をいただいた。記して深く感謝したい。ジョン・ステュアート・ミル研究について静岡大学の米原優准教授、アリストテレス研究について熊本大学の立花幸司准教授、また論理学について同僚である一橋大学の井頭昌彦教授、人類学について同じく大杉高司教授と久保明教准教授。

さらに、二年半ほどの訳出期間中、しばしばこの著作の原書あるいは翻訳をテキストとした授業やゼミを行い、これに参加してくれた学生たちからたくさんの有益な示唆を受けた。多数にのぼる彼ら／彼女らの名前をここで挙げることはできないが、深く感謝している。

前著に続いて、講談社編集部の互盛央さんには大変お世話になった。訳出作業の最中に私が勤務先を異動したため、予定外に多くの時間を諸事に割くこととなり、当初想定していた期日を大きく越えてしまった。にもかかわらず、互さんには辛抱強く待っていただき、さらに的確なアドバイスをいただき、今回もまた感謝の一言しかない。うちに秘めた豊かな人間性に裏打ちされた、その明敏な頭脳なくして、本訳書が完成しえなかったのは言うまでもない。

最後に、原稿の確認やゲラの校正作業でいつも苦労をかけている妻と、「お父さんを仕事にとられた」と文句を言いつつも完成を楽しみにしていてくれた二人の娘たちにも、ここで感謝することをお許しいただきたい。

菊谷和宏

KODANSHA

*本書は、講談社学術文庫のための新訳です。

エミール・デュルケーム

1858-1917年。フランスの社会学者。マックス・ヴェーバーと並ぶ社会学の創始者。代表作は，本書（1895年）のほか『自殺論』（1897年），『宗教生活の基本形態』（1912年）など。

菊谷和宏（きくたに　かずひろ）

1969年生まれ。一橋大学大学院社会学研究科教授。博士（社会学，一橋大学）。専門は，社会学・社会学史，社会哲学・社会思想史。著書に『トクヴィルとデュルケーム』，『「社会」の誕生』，『「社会」のない国，日本』など。

講談社学術文庫

定価はカバーに表示してあります。

社会学的方法《しやかいがくてきほうほう》の規準《きじゅん》

エミール・デュルケーム

菊谷和宏《きくたにかずひろ》 訳

2018年6月11日　第1刷発行
2024年5月17日　第3刷発行

発行者　森田浩章
発行所　株式会社講談社
東京都文京区音羽 2-12-21 〒112-8001
電話　編集（03）5395-3512
販売（03）5395-5817
業務（03）5395-3615

装　幀　蟹江征治
印　刷　株式会社ＫＰＳプロダクツ
製　本　株式会社国宝社
本文データ制作　講談社デジタル製作

ISBN978-4-06-511846-7

「講談社学術文庫」の刊行に当たって

これは、学術をポケットに入れることをモットーとして生まれた文庫である。学術は少年の心を養い、成年の心を満たす。その学術がポケットにはいる形で、万人のものになることは、生涯教育をうたう現代の理想である。

こうした考え方は、学術を巨大な城のように見る世間の常識に反するかもしれない。また、一部の人たちからは、学術の権威をおとすものと非難されるかもしれない。しかし、それはいずれも学術の新しい在り方を解しないものといわざるをえない。

学術は、まず魔術への挑戦から始まった。やがて、いわゆる常識をつぎつぎに改めていった。学術の権威は、幾百年、幾千年にわたる、苦しい戦いの成果である。こうしてきずきあげられた城が、一見して近づきがたいものにうつるのは、そのためである。しかし、学術の権威を、その形の上だけで判断してはならない。その生成のあとをかえりみれば、その根は常に人々の生活の中にあった。学術が大きな力たりうるのはそのためであって、生活をはなれた学術は、どこにもない。

開かれた社会といわれる現代にとって、これはまったく自明である。生活と学術との間に、もし距離があるとすれば、何をおいてもこれを埋めねばならない。もしこの距離が形の上の迷信からきているとすれば、その迷信をうち破らねばならぬ。

学術文庫は、内外の迷信を打破し、学術のために新しい天地をひらく意図をもって生まれた。文庫という小さい形と、学術という壮大な城とが、完全に両立するためには、なおいくらかの時を必要とするであろう。しかし、学術をポケットにした社会が、人間の生活にとってより豊かな社会であることは、たしかである。そうした社会の実現のために、文庫の世界に新しいジャンルを加えることができれば幸いである。

一九七六年六月　　野間省一